# DÉCRET-LOI

## DISCIPLINAIRE ET PÉNAL

### POUR LA MARINE MARCHANDE,

DU 24 MARS 1852

# DÉCRET-LOI

## DISCIPLINAIRE ET PÉNAL

### POUR

## LA MARINE MARCHANDE,

### DU 24 MARS 1852.

---

### DOCTRINE ET JURISPRUDENCE

DU DÉPARTEMENT DE LA MARINE,

**PAR MAURICE DARCHE,**

SOUS-CHEF DE BUREAU DE L'INSCRIPTION MARITIME ET DE LA POLICE DE LA NAVIGATION
AU MINISTÈRE DE LA MARINE.

## PARIS.

### IMPRIMERIE IMPÉRIALE.

---

1858.

# DÉCRET-LOI

## DISCIPLINAIRE ET PÉNAL

### POUR LA MARINE MARCHANDE,

DU 24 MARS 1852.

———

## DOCTRINE ET JURISPRUDENCE
### DU DÉPARTEMENT DE LA MARINE.

———

## SOMMAIRE.

TITRE IV — Dispositions diverses.

Principes généraux du droit sur lesquels l'attention des tribunaux maritimes commerciaux a dû être appelée. — Dépêches qui n'ont pu être rattachées à aucun article.

Modèles imprimés pour l'application du décret.

---

Nota. Les parties guillemetées du commentaire indiquent les dépêches ou extraits de dépêches qu'on a pu reproduire textuellement; celles non guillemetées, les dépêches que leur caractère tout personnel a empêché de publier, et dont on s'est borné à dégager le principe.

---

# CIRCULAIRE.

*Le Ministre aux préfets maritimes, chefs du service de la marine, commissaires de l'inscription maritime, gouverneurs des colonies, officiers généraux, supérieurs et autres, commandant à la mer, consuls généraux et consuls de la République.*

(Direction du personnel : bureau de l'inscription maritime, de la police de la navigation et des pêches.)

Paris, le 27 mars 1852.

1. Messieurs, c'est avec un sentiment de vive satisfaction que je vous annonce la promulgation d'un acte, ayant force de loi (1), rendu le 24 mars courant, et dont le seul énoncé permet d'apprécier l'importance pour les intérêts maritimes.

2. Cet acte est le *Décret disciplinaire et pénal pour la marine marchande*, que je vous transmets ci-joint, précédé d'un rapport au Prince-Président de la République.

3. Je vous invite à pourvoir immédiatement, chacun en ce qui vous concerne, à l'exécution de la nouvelle loi, qui, en raison de son caractère explicite, ne me semble point susceptible d'instructions complémentaires. Le rapport qui la précède suffit à en faire exactement apprécier la portée, et

(1) Articles 56 et 58 de la Constitution du 14 janvier 1852.

si, ce que je ne suppose pas, des doutes ou des difficultés d'application venaient à se produire, vous auriez à me les exposer sous le timbre : *Personnel; bureau de l'inscription maritime, de la police de la navigation et des pêches.*

C'est également sous ce timbre que devront m'être adressés les arrêtés délimitatifs mentionnés dans les paragraphes 5 et 6 de l'article 6 du décret, ainsi que les envois prescrits par son article 44.   4.

Le pouvoir disciplinaire constitué par l'article 5 devra être exercé avec la plus grande réserve. Les commandants des bâtiments de l'État, les consuls et les capitaines de navires de commerce commandant sur les rades étrangères recueilleront préalablement tous les renseignements propres à les éclairer sur les faits soumis à leur appréciation. Quant aux capitaines qui, sous leur responsabilité, appliqueront en cours de voyage les peines disciplinaires prévues par l'article 52, ils devront être interrogés avec soin par l'autorité maritime ou consulaire du lieu d'arrivée, et punis conformément aux dispositions de l'article 79, s'ils se sont rendus coupables d'un abus de pouvoir.   5.

Il ne vous échappera pas que les articles 6, § 7, et 10, § 3, font disparaître la distinction établie jusqu'ici par les articles 19 et 10 des ordonnances des 19 octobre et 7 novembre 1833 (1), aux termes desquels, en pays étranger, les commandants des bâtiments de l'État n'exercent que sur les rades la police des navires du commerce français, tandis que les consuls demeurent investis de ce droit à l'égard des navires placés dans les ports.   6.

Désormais les commandants à la mer useront exclusivement de ce droit dans les deux cas : cette disposition a été dictée par une appréciation rationnelle de la nature des   7.

(1) *Annales maritimes* de 1833, partie officielle, pages 494 et 517. Cette distinction, invoquée dans les circulaires des 18 juin 1850 (*Bulletin officiel,* 1ᵉʳ semestre, page 526) et 26 novembre 1851 (note 2 de la page 735 du 2ᵉ semestre du même recueil), a été confirmée par l'article 106 du décret du 15 août 1851 (même volume, page 487), ainsi qu'il résulte de la dépêche du 14 février 1852 (*Bulletin officiel,* 1ᵉʳ semestre, page 259).

choses; car si en France, en Angleterre, et sur plusieurs points situés dans les mers du Nord, on détermine facilement la séparation de la rade et du port, cette délimitation est presque toujours impossible dans la majorité des autres parties du monde.

8.     L'article 14 veut que les capitaines et maîtres d'équipage appelés à siéger comme juges soient choisis dans le *personnel valide;* il est presque superflu de faire remarquer qu'on comprend exclusivement sous cette dénomination les inscrits qui ne sont pas cinquantenaires : en conséquence, les demi-soldiers, pour ancienneté de service, et les hors de service, à cause de leur âge, ne pourront faire partie des tribunaux maritimes commerciaux, dont cette mesure contribuera à assurer la bonne composition.

9.     Quant au terme *chef du service maritime,* employé dans le dernier paragraphe de l'article 14, il s'applique : 1° au chef du service de la marine dans les chefs-lieux de sous-arrondissement, tels que Dunkerque, le Havre, etc. qui sont en même temps siéges de quartier;

10.     2° Aux commissaires de l'inscription maritime dans les quartiers obliques;

11.     3° Aux gouverneurs dans les colonies françaises.

12.     J'appelle votre attention sur le $ 2 du n° 3 de l'article 55, qui interdit de compter le temps de l'embarquement disciplinaire, soit pour l'avancement, soit pour les examens de capitaines du commerce. Sur ce dernier point, cette recommandation complète les instructions contenues dans la circulaire du 14 juin 1850 (1) et dans les circulaires antérieures (2).

13.     Les commissaires de l'inscription maritime sauront, je

(1) *Bulletin officiel,* 1er semestre, page 490.
(2) 25 août 1842, n° 2058, non imprimée.
   24 mai 1848, *Bulletin officiel,* 1er semestre, page 256.
   13 septembre 1848, *idem,* 2e semestre, page 194.
   28 février 1849, *idem,* 1er semestre, page 100.
   26 février 1850, *idem,* 1er semestre, page 172.
   19 avril 1851, *idem,* 1er semestre, page 349.

n'en doute pas, apprécier l'efficacité du moyen d'action que leur réserve, pour la police de la pêche, l'application des deux derniers paragraphes de l'article 58. Cette disposition complète le pouvoir disciplinaire que leur avait attribué l'ordonnance du 31 octobre 1784, en matière de police des classes, et que le décret du 24 mars leur a reconnu en matière de police de navigation. Ces officiers d'administration devront toutefois renvoyer devant les tribunaux correctionnels toutes les infractions commises par les détenteurs de pêcheries : les très-rares exceptions qui pourront être faites à cette règle ne devront être consenties qu'en faveur de ceux appartenant à l'inscription maritime qui paraîtront dignes d'indulgence en raison de leur pauvreté, de leurs antécédents et de leurs services.

14. L'article 65 du décret pénal range au nombre des déserteurs les marins qui laissent partir leurs navires, après avoir contracté un engagement. Il doit être entendu que l'engagement ne saurait être considéré comme contracté qu'après que la revue de l'équipage a été passée au bureau de l'inscription maritime (1).

15. Il faut, en outre, pour qu'il y ait culpabilité dans le sens de cet article, que le marin ait été dûment prévenu du jour du départ et se soit volontairement abstenu de se rendre à bord.

16. On ne sera point surpris de voir que, dans les articles 66 et 68, la peine de l'emprisonnement est plus forte pour les mousses et les novices que pour les autres marins, puisque, dans ces deux cas, les premiers ne sont point envoyés au service.

17. J'espère que le § 2 de l'article 70 offrira aux commandants à la mer et aux consuls le moyen de sévir contre ceux de nos nationaux non inscrits établis à l'étranger, et qui participeraient au trafic de l'embauchage des marins du commerce.

(1) Voir §§ 1 et 2 du rapport du 4 mars 1852 (*Bulletin officiel*, 1er semestre, page 237).

18.  Je dois aussi vous faire observer que l'article 82 n'ayant statué qu'à l'égard des personnes qui commandent indûment un navire, les armateurs complices de ce délit demeurent passibles, suivant le cas, des peines édictées par les articles 2, titre I<sup>er</sup>, livre II, de l'ordonnance d'août 1681 (1), et 8 de celle du 18 octobre 1740 (2).

19.  Enfin, vous ne perdrez point de vue que si l'article 84, § 2, du décret a confirmé les prescriptions des articles 106, n° 2, et 194 du décret du 15 août 1851, en ce qui concerne la visite des capitaines du commerce aux officiers de marine commandant les rades ou les stationnaires, cet article a substitué une autre pénalité à celle qu'édictait le n° 3, article 106, du décret précité de 1851.

20.  Il y aura lieu, le cas échéant, de tenir compte de cette modification.

21.  Les administrateurs de la marine s'attacheront à donner, soit par la voie de la presse locale, soit autrement, toute la publicité désirable au décret du 24 mars 1852, et tout capitaine de navire devra être muni d'un exemplaire au moins de cet acte important. Une apostille portée sur le rôle d'équipage mentionnera l'accomplissement de cette dernière disposition (3).

Recevez, Messieurs, l'assurance de ma considération très-distinguée.

Signé Th. DUCOS.

(1) Recommandation renouvelée par dépêche du 4 juin 1852 (*Bulletin officiel*, page 610.)

(2) Valin, tome I<sup>er</sup>, page 382. — Cette recommandation ne s'applique qu'aux armateurs « qui n'appartiennent point à l'inscription maritime. L'article 82 est donc applicable à un matelot, malgré sa qualité d'armateur, qui « a indûment exercé le commandement d'un navire. » (Dépêche du 30 avril 1852, *Bulletin officiel*, page 534.)

(3) Valin, tome I<sup>er</sup>, page 379. — Se reporter, d'ailleurs, au rapport du 20 mars 1852 (§§ 2 à 7) sur le bornage (*Bulletin officiel*, 1<sup>er</sup> semestre, page 332), et ne point perdre de vue qu'aujourd'hui, excepté en ce qui concerne les armateurs, la répression des infractions en matière de commandement de navires appartient exclusivement aux tribunaux maritimes commerciaux.

# RAPPORT

AU PRINCE-PRÉSIDENT DE LA RÉPUBLIQUE,

SUIVI

## D'UN DÉCRET DISCIPLINAIRE ET PÉNAL

POUR LA MARINE MARCHANDE.

Paris, le 24 mars 1852.

MONSEIGNEUR,

1. Parmi les causes qui entravent le développement de notre marine marchande, base essentielle de la puissance navale du pays, l'indiscipline des équipages n'est pas la moins sérieuse.

2. Les rapports des capitaines constatent journellement leur impuissance à réprimer les excès des marins placés sous leurs ordres; les plaintes des armateurs contre un esprit de révolte si préjudiciable au succès de leurs entreprises se multiplient de plus en plus; enfin, les doléances unanimes des chambres de commerce de nos ports prouvent combien il est urgent de remédier à un mal trop ancien déjà, qui, en frappant la fortune commerciale, atteint, par contre-coup, la fortune publique, et menace dans son principe vital la force maritime de l'État.

3. La loi est la base de l'autorité du chef et de l'obéissance du subordonné; elle est la source naturelle de l'ordre dans toute réunion d'hommes. Ce principe, d'une vérité générale, s'applique particulièrement à la grande famille des marins.

4. La vie de l'homme de mer est une vie d'exception. Renfermé entre les étroites murailles du navire qui le transporte d'un point à l'autre du globe, à travers les solitudes

de l'Océan, au milieu de dangers de tous genres, le marin ne peut sortir victorieux de cette lutte incessante s'il n'obéit aveuglément aux ordres du capitaine. L'ascendant moral ne suffit pas toujours pour obtenir cette obéissance si nécessaire; il faut que la loi assure au chef des moyens de répression en rapport avec les impérieuses exigences de sa situation difficile.

5.    Il n'est pas de nation maritime qui n'ait compris cette nécessité et qui ne s'y soit soumise. A toutes les époques et chez tous les peuples, les lois maritimes ont eu pour base commune des juridictions spéciales, des pénalités exceptionnelles.

6.    Aussi longtemps que la France est restée dans cette voie, la discipline strictement maintenue parmi les équipages des navires du commerce a prévenu les déplorables excès dont ses navires sont aujourd'hui si fréquemment le théâtre.

7.    L'ordonnance de la marine du mois d'août 1681 avait réglé l'action des juges d'amirauté, dont la compétence s'étendait à « tous crimes et délits commis sur la mer, ses ports, « havres et rivages (1). »

8.    Cette juridiction spéciale atteignait immédiatement, et par conséquent d'une manière efficace, les gens de mer employés dans la marine marchande.

9.    La même ordonnance a, en outre, investi les capitaines de navires d'un droit de juridiction disciplinaire envers les hommes de leur équipage, et les a autorisés « à faire donner « la cale, mettre à la boucle, et punir d'autres semblables « peines, pendant le cours du voyage, les matelots mutins, « ivrognes, désobéissants, et ceux qui maltraitent leurs cama- « rades (2)... »

10.    Le 7 septembre 1790 (3), l'Assemblée constituante enleva aux juges d'amirauté la connaissance du contentieux

(1) Livre 1er, titre II, art. 10. Valin, tome 1er, p. 143.
(2) Livre II, titre 1er, art. 22. Valin, tome 1er, page 447.
(3) Loi du 11 septembre 1790. *Recueil des lois de la marine*, volume 1er, page 151.

administratif, et, le 13 août 1791 (1), supprimant ces juges
spéciaux, elle répartit leurs diverses attributions entre les
tribunaux de commerce, les juges de paix et les tribunaux
ordinaires. La loi du 22 août 1790 (2), concernant l'armée
navale, régla la discipline et la pénalité particulières aux
bâtiments de la flotte, mais n'y assujettit point les équipages de navires marchands.

Toutefois, l'article 61 de cette loi ne s'appliquant qu'à 11.
la marine militaire, et ne s'étendant point aux autres lois maritimes, les cours de la République ont maintenu, en ce qui
concerne les marins du commerce, le droit de correction
disciplinaire inscrit à l'article 22 précité de l'ordonnance
de 1681.

Un décret impérial du 22 juillet 1806 (3), abrogeant le 12.
titre Iᵉʳ de la loi du 22 août 1790, créa des conseils de justice et des conseils de guerre pour la flotte. Le 12 novembre 1806 (4), un autre décret fit pour les arsenaux ce
que celui du 22 juillet de la même année avait fait pour
l'armée navale; mais tous les deux s'abstinrent de prescrire
aucune disposition relative à la marine marchande.

Le décret du 15 août 1851 (5), qui a remplacé l'ordon- 13.
nance du 31 octobre 1827 (6), sur le service à bord des
bâtiments de l'État, enjoint, il est vrai, aux commandants
de ces bâtiments de veiller au maintien de l'ordre et de la
discipline à bord des navires du commerce; mais c'est là
un simple droit de surveillance et non un droit de juridiction.

En résumé, avant 1790, la législation de la France 14.
concernant la marine marchande était complète et très-
efficace; elle procurait à une classe d'hommes voués à

(1) *Recueil des lois de la marine*, vol. II, p. 261.
(2) *Idem*, vol. Iᵉʳ, p. 122.
(3) *Idem*, vol. XVI, p. 95.
(4) *Idem*, vol. XVI, p. 120.
(5) *Bulletin officiel*, 2ᵉ semestre, p. 463.
(6) *Annales maritimes* de 1827, part. off. vol. II.

l'existence la plus exceptionnelle, ayant des mœurs, des habitudes toutes spéciales, des juges compétents pour apprécier leurs actes en pleine connaissance de cause. L'Assemblée constituante, en supprimant, le 13 août 1791, cette précieuse juridiction pour faire rentrer les gens de mer dans le droit commun, a porté un coup fatal à la discipline, sans laquelle toute marine est impossible.

15. Les capitaines des navires du commerce n'ont plus d'action sur leurs équipages; ils ne peuvent user du droit correctionnel que leur réserve l'ordonnance de 1681, parce que les pénalités qui le sanctionnent sont, ou trop rigoureuses pour l'époque actuelle, ou inexécutables à bord des navires montés par un petit nombre d'hommes, et que, d'ailleurs, ce droit est limité à quelques fautes et délits commis pendant le cours du voyage. Dans les ports de France, ainsi que dans les ports étrangers, il y a absence totale de moyens de répression; car, depuis l'arrêt de cassation du 13 décembre 1828 (1), le pouvoir des commissaires de l'inscription maritime est borné à la punition des fautes relatives au service de l'État et à la police des classes, et ne s'étend plus aux manquements qui intéressent la marine marchande.

16. Et pourtant, à bord d'un navire de commerce comme sur un bâtiment de l'État, la vie de l'équipage et des passagers dépend de l'ensemble et de la précision des manœuvres, de l'obéissance ponctuelle aux ordres donnés, de la soumission absolue envers celui qui commande, et la vindicte publique ne doit pas laisser impunis des actes qui compromettent la fortune et la vie des citoyens.

17. En mer, les moindres fautes sont graves par les funestes conséquences qu'elles peuvent entraîner. Si ces fautes ne sont pas réprimées sur-le-champ, la punition est illusoire; elle équivaut à l'impunité, qui devient un encouragement pour l'insubordination. De là résulte l'inefficacité de pour-

(1) *Annales maritimes* de 1828, part. off. page 985.

suites judiciaires tardives devant les tribunaux ordinaires pour des faits qui, le plus souvent, se passent à des distances lointaines, dans des parages étrangers, et presque toujours sans que l'on puisse produire des témoins au retour; pour des faits, d'ailleurs, qui ne sont point prévus par le Code pénal ordinaire, et que les capitaines préfèrent laisser impunis, plutôt que d'entamer une affaire dont la lenteur est incompatible avec leur mission commerciale.

En présence de ce désastreux état de choses, votre gouvernement, Monseigneur, ne peut demeurer spectateur indifférent. Il lui appartient de rajeunir une législation réduite à l'impuissance, de combler les lacunes nombreuses qu'elle présente, de répondre aux vœux du commerce maritime, qui a si longtemps attendu déjà et qui compte principalement sur votre haut esprit de justice pour obtenir un remède aux maux dont il souffre. 18.

L'un de mes prédécesseurs, M. l'amiral Duperré, pénétré, comme je le suis moi-même, de l'urgente nécessité d'une réforme dans les lois applicables à la marine marchande, fit élaborer, en 1834 et en 1836, deux projets d'un code disciplinaire et pénal qui, malheureusement, n'obtinrent pas l'adhésion du conseil d'État. En 1850, le ministre de la marine confia la même tâche à une commission dont l'œuvre, après avoir été communiquée aux chambres de commerce de nos principaux ports, a servi de base au décret que j'ai l'honneur de soumettre à votre sanction et qui résume le fruit de vingt années d'études. 19.

Pour concilier, autant que possible, les exigences du droit commun avec les nécessités auxquelles il fallait impérieusement pourvoir, ce décret a laissé à la justice ordinaire son action dans un grand nombre de cas, et, notamment, dans ceux qui sont de nature à entraîner l'application de peines afflictives ou infamantes. Il ne s'est écarté de cette règle générale que pour la répression des actes purement maritimes rangés dans la catégorie des fautes ou des délits contre la discipline. 20.

21.     La plupart de ces actes ne sont, en effet, ni des contraventions, ni des délits ordinaires; il faut, pour les définir,
avoir recours à un langage inusité dans la loi commune qui
ne les a pas prévus, qui ne pouvait pas les prévoir, parce
que ce ne sont en réalité que des faits maritimes, échap-
pant naturellement à la connaissance des tribunaux correctionnels pour tomber dans le domaine d'un pouvoir disciplinaire exercé par des hommes parfaitement aptes à en apprécier la nature et l'importance. Les tribunaux maritimes
commerciaux, institués par le décret dont il s'agit, présen-
teront, sous ce rapport, toutes les garanties désirables. Quant
à la sanction pénale des dispositions réglementaires que contient cet acte, elle est empruntée tout à la fois au Code et
à celles des dispositions de nos lois maritimes restées en
harmonie avec les mœurs du siècle et conformes aux justes
exigences de l'humanité.

22.     Les faits à réprimer constituent des fautes de discipline,
des délits maritimes ou des crimes. Tout ce qui compromet
l'ordre du service ou la sûreté du navire n'est pas, on le répète, du domaine de la justice; tout délit commun non prévu
par le décret appartient aux tribunaux ordinaires; la connaissance des crimes est, sans exception, laissée au jury.

23.     Ainsi le décret ne soumet à une juridiction spéciale que
les faits purement maritimes contre lesquels les tribunaux
ordinaires sont impuissants.

24.     Les dispositions préliminaires renferment quelques règles
générales relatives à la classification des infractions prévues,
et aux diverses catégories de personnes assujetties à la police
du bord.

25.     Les infractions sont classées, suivant les pénalités qu'elles
entraînent, à l'instar du système adopté dans le Code pénal
de 1810.

26.     Les personnes inscrites sur le rôle d'équipage et employées à bord, à quelque titre que ce soit, les marins naufragés, déserteurs ou délaissés que l'on rapatrie, les passa-

gers mêmes sont soumis aux règles d'ordre et de discipline du bord.

Ces dispositions se justifient seules : tant que dure le 27. voyage, le pouvoir du capitaine doit être scrupuleusement respecté. Les passagers ne sauraient être affranchis de cette obligation essentielle; mais il a été apporté à leur égard d'équitables tempéraments dans la nature ainsi que dans le mode d'application des peines.

En ce qui touche quelques-unes des matières restées dans 28. le domaine des tribunaux ordinaires, il a paru opportun, soit de déterminer une pénalité sanctionnant certains cas prévus par le Code de commerce, et qui, jusqu'à ce jour, ont échappé à la justice, soit d'adoucir des peines déjà portées contre plusieurs actes de baraterie par la loi du 10 avril 1825 (1), dont la sévérité n'a que trop souvent engendré des acquittements regrettables.

Après ce rapide exposé des considérations générales des- 29. tinées à faire saisir dans son ensemble l'économie du décret, il me reste, Monseigneur, à appeler votre attention sur les plus importantes des prescriptions de détail qu'il renferme.

Outre les dispositions préliminaires, il est divisé en quatre 30. titres, savoir :

I.   De la juridiction.
II.  De la forme de procéder.
III. De la pénalité.
IV.  Dispositions diverses.

Le premier titre se décompose en quatre chapitres.   31.

Le chapitre 1er règle l'ordre des juridictions pour l'exer- 32. cice du pouvoir disciplinaire.

Dans les ports, sur les rades de France et dans les ports 33. des colonies françaises ce pouvoir appartient au commissaire de l'inscription maritime.

(1) Voir page 615.

34. Sur les rades des colonies françaises, ainsi que dans les ports et rades des pays étrangers, le droit de discipline appartient au commandant supérieur du bâtiment de l'État présent sur les lieux, ou, en son absence, soit au commissaire de l'inscription maritime, soit au consul de France.

35. En mer et dans les localités où il ne se trouve aucune de ces autorités, le même droit incombe naturellement aux capitaines de navires, qui sont tenus toutefois de rendre compte, à la première occasion, des peines de discipline par eux prononcées.

36. Ils sont dispensés néanmoins de cette obligation en ce qui concerne les trois pénalités légères prévues par l'article 53, qu'ils ont la faculté d'appliquer en quelque lieu qu'ils se trouvent.

37. Cette reconstitution du pouvoir disciplinaire est l'une des mesures les plus utiles du décret, et sera suivie des meilleurs résultats.

38. Le chapitre II institue le tribunal maritime commercial, et renvoie devant cette juridiction toute personne prévenue d'un délit maritime.

39. La nécessité de cette création ressort suffisamment des considérations générales qui précèdent, et je crois superflu d'insister à cet égard.

40. Le chapitre III détermine l'organisation du tribunal maritime commercial, qui doit toujours être composé de cinq membres. Il est présidé, suivant le lieu où il siége, par un commissaire de l'inscription maritime, le commandant d'un bâtiment de l'État ou un consul de France. En aucun cas la présidence ne peut être confiée à un vice-consul (1) ni à un agent consulaire.

41. Le tribunal compte toujours un maître d'équipage parmi

---

(1) Lors même qu'il aurait été autorisé à remplir les fonctions conférées aux consuls comme suppléant à l'étranger les administrateurs de la marine. (*Dépêche du 26 octobre 1852,* n° 3488.)

L'ordonnance du 26 octobre 1833 avait déjà disposé : « Art. 2. Ils (les « vice-consuls) n'auront point de chancelier *et n'exerceront aucune juridiction.* »

ses membres, à moins qu'il ne se trouve pas sur les lieux d'autre navire du commerce que celui où le prévenu est embarqué.

Bien que le tribunal ne puisse être permanent, la composition n'en est pas laissée à l'arbitraire : le grade, l'ancienneté ou l'âge régleront, en effet, le choix des personnes appelées à en faire partie. 42.

Les mesures protectrices des intérêts de l'inculpé ne se bornent pas là. 43.

Le capitaine qui a porté plainte, et la personne offensée, lésée ou plaignante, ne peuvent siéger dans le tribunal. 44.

Quant aux autres causes d'incompatibilité et de récusation énoncées aux articles 20 et 21, elles sont empruntées au Code de procédure civile. 45.

Le chapitre IV dispose que les crimes prévus ou non par le décret restent dans le domaine des tribunaux ordinaires. 46.

Le titre II se subdivise en trois chapitres, qui déterminent les mesures de précaution à prendre pour assurer la constatation des faits et la marche des diverses juridictions appelées à statuer. 47.

S'il s'agit d'un fait de discipline, le capitaine le constate, ainsi que la décision qu'il a rendue. 48.

S'il s'agit d'un délit de la compétence du tribunal maritime commercial, le capitaine le constate également, en dresse procès-verbal, entend les témoins, porte plainte à l'autorité appelée à présider ce tribunal. 49.

Lorsque les faits sont de la compétence des tribunaux correctionnels ou des cours d'assises, le capitaine les constate encore et accomplit les premiers actes de l'instruction. 50.

Les décisions rendues en matière de fautes de discipline sont sans appel, et les jugements des tribunaux maritimes commerciaux en matière de délits, également sans appel, ne peuvent motiver un pourvoi en cassation. 51.

Dans le premier cas, il s'agit d'une pénalité légère qui atteint instantanément le coupable. 52.

Dans le second cas, les éléments nécessaires pour former 53.

un tribunal de révision feraient presque toujours défaut. On ne peut, d'une autre part, accorder dans l'espèce le droit de pourvoi qui entraîne la suspension de l'exécution, sans perdre le salutaire exemple d'une punition immédiate. Cette disposition essentielle pour le maintien de la discipline est une des nécessités qui dominent la législation maritime.

54. Toutefois le ministre de la marine pourra, dans les cas prévus par l'article 441 du Code d'instruction criminelle, transmettre au ministre de la justice, pour être déférés à la cour de cassation dans l'intérêt de la loi, les jugements qui violeraient les dispositions du décret relatives à la composition du tribunal, à la publicité des séances, à la prestation de serment, à la défense et à la rédaction des procès-verbaux. Les tribunaux maritimes auront ainsi un régulateur et leurs actes n'échapperont pas à tout contrôle.

55. Les peines prononcées contre les capitaines en cours de voyage ne pourront être subies par eux qu'à leur retour en France. Cette exception est indispensable pour sauvegarder les intérêts considérables confiés aux navigateurs qui commandent les navires du commerce.

56. Le titre III, traitant de la pénalité, se subdivise en deux chapitres. Le chapitre 1er détermine les peines applicables aux fautes de discipline, aux délits maritimes et aux crimes.

57. C'est dans l'ordonnance de 1681, dans la loi du 22 août 1790 et dans un décret du 16 nivôse an II (1), qu'on a surtout puisé les pénalités en matière de fautes de discipline et de délits. Les peines pour les crimes ont été empruntées, sauf quelques modifications reconnues nécessaires, au Code pénal de 1810 et à la loi du 10 avril 1825.

58. Les peines disciplinaires varient suivant qu'elles frappent les matelots, les officiers du bord ou les passagers. Les positions différentes de ces trois catégories de personnes ne permettent pas de leur appliquer des pénalités communes. Certaines punitions, très-convenables pour les matelots, au-

(1) *Recueil des lois de la marine*, vol. IV, page 279.

raient l'inconvénient grave de porter atteinte à la dignité de l'officier, et seraient trop sévères pour les passagers. D'autres châtiments, efficaces envers les passagers et les officiers, sont inapplicables aux matelots. De là des distinctions dans les pénalités que nécessite la nature même des choses.

Ce n'est pas sans regrets que l'on a dû comprendre au 59. nombre des peines l'embarquement sur un bâtiment de l'État pour une campagne plus ou moins longue; mais l'expérience prouve que le service de la flotte, qui devrait être pour les marins un objet d'ambition, inspire encore au plus grand nombre une appréhension très-vive. Quoi qu'il en soit, la pénalité résidera surtout dans les réductions de solde infligées aux gens de mer levés disciplinairement. Il est naturel, d'ailleurs, d'assujettir à des règles de stricte obéissance celui qui a manqué à ses devoirs, et de lui donner ainsi, pour l'avenir, l'habitude de s'y conformer.

L'interdiction ou la suspension de la faculté de comman- 60. der est l'une des peines les plus efficaces qui puissent frapper les capitaines des navires du commerce; elle devait, à ce titre, figurer dans le décret qui, s'il protége ces navigateurs contre l'esprit d'indiscipline de leurs équipages, n'a pas entendu assurer l'impunité à leurs propres délits.

Le chapitre II traite des infractions. La première section 61. de ce chapitre énumère les fautes de discipline et comprend les déviations auxquelles le marin est le plus enclin.

La récidive communique à ces fautes un caractère assez 62. grave pour les faire classer au nombre des délits énoncés à la deuxième section du même chapitre. La nécessité reconnue d'assurer le maintien de la discipline et de l'obéissance parmi les équipages des navires du commerce a dicté la définition des actes punissables de peines correctionnelles; il serait trop long d'en reproduire ici la nomenclature, et je me bornerai à mentionner ceux qui méritent une attention particulière.

Le Code pénal (articles 376 et 471) punit l'injure simple 63. d'une amende de 1 à 5 francs. Dans la vie ordinaire, à

3

terre, cette pénalité peut suffire; mais il n'en est pas de même à bord d'un navire où l'injure adressée par un matelot à son capitaine ou à un officier emprunte à la situation une incontestable gravité. Ce délit, très-fréquent aujourd'hui, appelle impérieusement une répression énergique.

64. Il en est ainsi de la menace verbale contre laquelle la loi commune ne porte aucune punition; les marins abusent de cette lacune pour braver leurs capitaines.

65. L'article 61 du décret permettra de remédier à ces abus.

66. L'article 309 du Code pénal prononce la reclusion quand il est résulté des voies de fait une incapacité de travail de plus de vingt jours. La difficulté de constater à bord d'un navire, en l'absence d'un chirurgien, la durée véritable de la maladie, et surtout l'incapacité de travail provenant de sévices, m'a déterminé à élever à trente le terme de vingt jours prévu par le Code pénal. J'ai cédé en cela aux vœux unanimes des capitaines et des armateurs.

67. La désertion blesse à la fois l'ordre public et les intérêts du commerce : l'ordre public, parce que le marin déserteur se soustrait, pendant toute la durée de son absence illégale, aux obligations que lui impose le régime des classes; les intérêts des armateurs, par la perturbation qu'elle jette dans les équipages qu'il est souvent très-difficile et très-onéreux de compléter, lorsque surtout le navire se trouve dans les colonies françaises ou à l'étranger.

68. La loi du 22 août 1790, en maintenant en vigueur les dispositions de l'ordonnance du 31 octobre 1784 (1) contre la désertion, a substitué aux campagnes extraordinaires, avec solde réduite, des campagnes à la basse paye, et elle a chargé de prononcer cette peine un conseil composé de fonctionnaires de la marine. Quant à la peine de l'emprisonnement que portait aussi l'ordonnance de 1784, l'application devrait en être faite par les tribunaux ordinaires que

(1) *Annales maritimes* de 1836, partie officielle, page 321.

la loi du 13 août 1791 a investis de cette attribution, autrefois dévolue aux amirautés. Mais le ministère de la justice a refusé de reconnaître ce droit aux tribunaux de première instance, d'où il résulte que les marins des navires du commerce, n'ayant à redouter qu'une punition insuffisante, se font un jeu de violer leurs engagements, et cet abus est l'un de ceux dont les armateurs réclament la répression avec le plus d'instance. Les peines prévues par le décret sont graduées suivant la gravité de chaque fait de désertion; quoique peu sévères, elles suffiront, je pense, pour remédier au mal dans la limite du possible.

La rébellion est prévue par le Code pénal, mais seulement envers les agents de la force publique. Il est rationnel sans doute d'assimiler à ces agents le capitaine d'un navire; mais, comme en matière pénale tout est de droit étroit, il y avait nécessité d'exprimer formellement cette assimilation. 69.

De même que le Code pénal, le décret distingue la rébellion armée de celle qui ne l'est pas, et punit l'une plus sévèrement que l'autre. La rébellion armée de plus du tiers de l'équipage constitue un crime qui est de la compétence des tribunaux ordinaires. 70.

Les délits commis par les officiers et les capitaines ne doivent pas, je le répète, échapper plus que les autres à une juste punition. Les articles 74 à 87 du décret renferment spécialement à cet égard des dispositions propres à maintenir dans le devoir ceux dont l'exemple exerce naturellement une grande influence sur les hommes qu'ils commandent. L'abus de l'autorité est un élément destructeur de l'ordre et de la discipline : le décret a voulu qu'il ne restât pas impuni. 71.

L'ivrognerie est un vice malheureusement trop commun dans la marine marchande, et surtout parmi les équipages des navires qui fréquentent les climats froids : ce vice prend des proportions très-dangereuses quand il se manifeste chez les personnes chargées de la conduite du navire; des pénalités sévères contribueront à les en préserver. 72.

3.

73. Les délits contre lesquels le décret ne porte pas une peine déterminée sont punis, au choix du juge, de l'une des pénalités prévues par l'article 55.

74. La même latitude a été laissée pour les fautes disciplinaires, afin que l'on puisse tenir compte, dans une certaine mesure, des circonstances du délit ou de la faute de discipline, et pour que la pénalité prononcée soit toujours exécutable. C'est là encore une nécessité résultant de la spécialité de la matière.

75. La section 3 prévoit les crimes maritimes dont les capitaines, officiers et marins peuvent se rendre coupables, et que les tribunaux ordinaires sont appelés à juger par continuation.

76. Les dispositions de la loi du 10 avril 1825, en matière de baraterie, avaient besoin d'être complétées; les pénalités portées par cette loi demandaient à être adoucies : le décret y a pourvu.

77. Le titre IV renferme diverses dispositions qui définissent l'autorité du capitaine sur les gens de l'équipage et sur les passagers; lui permettent d'employer la force pour que l'auteur d'un crime soit mis hors d'état de nuire; énoncent qu'en cas de révolte de l'équipage la résistance du capitaine sera considérée comme un acte de légitime défense, et fixent à cinq années les délais de prescription de l'action publique et de l'action civile pour les délits prévus par le décret.

78. Telle est, Monseigneur, l'analyse d'un acte qui, j'ose l'espérer, corrigera les marins sans les frapper de peines trop sévères; les contiendra dans les limites d'une juste subordination, tout en les protégeant contre les abus de l'arbitraire et, en restituant la sécurité à la marine marchande, rendra au pays un immense service.

Je suis, etc.

*Le Ministre secrétaire d'État de la marine et des colonies,*

Signé Th. DUCOS.

# DÉCRET DISCIPLINAIRE ET PÉNAL

## POUR LA MARINE MARCHANDE (1).

AU NOM DU PEUPLE FRANÇAIS.

LOUIS-NAPOLÉON, Président de la République française,

Sur le rapport du ministre secrétaire d'État de la marine et des colonies;

Le Conseil d'amirauté entendu,

Décrète:

### DISPOSITIONS PRÉLIMINAIRES.

Art. 1er. Les infractions que le présent décret punit de
peines disciplinaires sont des fautes de discipline.

Les infractions qu'il punit de peines correctionnelles sont
des délits.

Les infractions qu'il punit de peines afflictives ou infamantes sont des crimes.

2. Les fautes de discipline et les délits énoncés dans le
présent décret seront jugés et punis conformément aux dispositions qu'il renferme.

Seront jugés par les tribunaux ordinaires, et punis conformément aux dispositions du présent décret, les crimes
y énoncés.

Seront jugés et punis, conformément aux lois ordinaires,

(1) Inséré au *Bulletin des lois,* X* série, bulletin 524, n° 4006, page 1133.
— Rendu applicable et exécutoire en Algérie, par décret du 1er novembre
1853. — *Bulletin des lois,* XI* série, bulletin 106, n° 884, page 953.

les contraventions, délits ou crimes non énoncés dans le présent décret.

3. Les dispositions du présent décret sont applicables à tous les navires et bateaux français, appartenant à des particuliers ou à des administrations publiques, qui se livrent à la navigation ou à la pêche dans les limites de l'inscription maritime. Toutefois, sont exceptées les embarcations des douanes à manœuvres basses (1).

Restent soumis aux mêmes dispositions les équipages des navires et bateaux qui ne sortent que momentanément des limites de l'inscription maritime.

Sont, en conséquence, soumises aux règles d'ordre, de service, de discipline et de police établies sur les navires et bateaux marchands, et passibles des peines déterminées par le présent décret, pour les fautes de discipline, les délits et crimes y énoncés, toutes les personnes embarquées, employées ou reçues à bord de ces navires et bateaux, à quelque titre que ce soit, à partir du jour de leur inscription au rôle d'équipage ou de leur embarquement en cours de voyage, jusques et y compris le jour de leur débarquement administratif.

§§ 26 et 27 du rapport qui précède le décret.

§ 1er. Le décret est-il applicable aux paquebots-poste de la Manche ?
Non, car l'ordonnance du 10 juin 1847 leur a rendu applicables les dispositions du règlement royal du 23 février 1839 concernant les paquebots-poste de la Méditerranée; or, l'article 159 de ce règlement soumet les équipages de ces derniers paquebots aux lois, ordonnances, règlements et décisions qui régissent la police et la discipline des bâtiments de l'État. (*Dépêche du 27 juillet 1852, n° 2552.*)
Suivant la *même dépêche*, ce que le législateur a eu principalement en vue en soumettant aux dispositions du décret-loi « les navires et « bateaux français appartenant à....... des administrations pu- « bliques, » ce sont « principalement les embarcations des douanes à « manœuvres hautes et les embarcations employées par l'administra- « tion des ponts et chaussées. »

« Le règlement du Roi, du 23 février 1839, fait pour les paque-

(1) Voir le paragraphe 6 de la circulaire du 20 mars 1852. (*Bulletin officiel de la marine,* 1er semestre, page 306.)

« bots-poste de la Méditerranée, alors qu'ils appartenaient à l'État,
« ne régit pas les paquebots de l'administration des services maritimes
« des Messageries impériales, lesquels sont traités, sous le rapport de
« la police de la navigation, comme tous les bâtiments de la marine
« du commerce. » (*Dépêche du 26 octobre 1855, n° 3452.*)

§ 3. La désertion des marins est spécialement punie par les articles 65, 66 et suivants ; mais la peine qu'ils édictent consistant en
un emprisonnement et un embarquement correctionnel à solde réduite sur un bâtiment de l'État (sauf pour les mousses et les novices
qui ne sont passibles que de l'emprisonnement) ne peut s'appliquer
aux cuisiniers, domestiques et autres qui restent étrangers à la manœuvre du navire.

La difficulté existait déjà sous l'empire de l'ordonnance du 31 octobre 1784, dont le titre XVIII traitait de la désertion des gens de
mer ; mais elle disparaît, si l'on considère que (*dépêche du 26 novembre
1852, n° 3943*) « les articles 3, § 3, 60, § numéroté 12, et 55 combinés
« entre eux et avec l'article 69, fournissent les moyens d'atteindre sû-
« rement la désertion des individus dont il s'agit. »

La *dépêche du 5 août 1854* (*Bulletin officiel*, page 230) reproduit
cette doctrine, en faisant observer que « les tribunaux maritimes com-
« merciaux doivent procéder ainsi, pour le même motif, à l'égard des
« marins étrangers embarqués à bord des navires de commerce fran-
« çais. »

Un tribunal maritime commercial, prenant au pied de la lettre les
expressions « jusques et y compris le jour de leur débarquement ad-
« ministratif, » s'était déclaré incompétent pour connaître de délits dénoncés et poursuivis contre un capitaine postérieurement au désarmement du rôle ; une *dépêche du 20 septembre 1854, n° 3123*, combattit
ainsi ce système : « Le 3ᵉ paragraphe de l'article 3 ne peut s'inter-
« préter de telle sorte qu'il suffirait qu'un marin eût été débarqué ad-
« ministrativement pour que les délits commis par lui à bord d'un
« navire de commerce et révélés postérieurement à son débarquement
« restassent impunis. Une pareille doctrine aurait pour conséquence
« de désarmer la justice dans beaucoup de cas, et d'annuler les dispo-
« sitions précises de l'article 100 du décret, en vertu desquelles la
« prescription n'est acquise à l'inculpé qu'après cinq années révolues
« à compter du jour de la perpétration du délit. »

4. Les personnes mentionnées dans l'article précédent
continueront d'être placées sous le régime qu'il prescrit en

cas de perte du navire par naufrage, chance de guerre ou toute autre cause, jusqu'à ce qu'elles aient pu être remises à une autorité française.

Toutefois, cette disposition n'est pas applicable aux passagers autres que les marins naufragés, déserteurs ou délaissés, qui, sur l'ordre d'une autorité française, auront été embarqués pour être rapatriés, à moins que ces passagers ne demandent à suivre la fortune de l'équipage.

## TITRE PREMIER.

### DE LA JURIDICTION.

## CHAPITRE PREMIER.

### DE LA JURIDICTION EN MATIÈRE DE DISCIPLINE.

§ 5 de la circulaire du 27 mars 1852, placée en tête du commentaire. §§ 32 à 37, 51 et 52 du rapport.

5. Le droit de connaître des fautes de discipline et de prononcer les peines qu'elles comportent est attribué sans appel ni recours en révision ou cassation :

1° Aux commissaires de l'inscription maritime;

2° Aux commandants des bâtiments de l'État;

3° Aux consuls de France;

4° Aux capitaines de navires du commerce commandant sur les rades étrangères (1);

5° Aux capitaines de navires.

Emploi du modèle n° 1.

§ 1er. Les officiers du commissariat placés à la tête des sous-quartiers, bien que remplissant les « fonctions dévolues aux commissaires « de l'inscription maritime, ne sont cependant que les délégués de ces

(1) Article 23, § 3, du décret du 15 août 1851.

« derniers ; ils ne peuvent prendre le même titre, et doivent seulement
« porter celui d'administrateur.

« Les mêmes considérations s'opposent en principe à ce que les ad-
« ministrateurs de sous-quartiers prononcent les peines de discipline
« prévues par la loi du 24 mars 1852. Mais ces administrateurs peuvent,
« en cas d'urgence, infliger celles de ces peines qui comportent une
« application immédiate, sauf à rendre compte sur-le-champ de la
« mesure et de ses motifs au commissaire de l'inscription maritime,
« lequel est ainsi appelé à déterminer la durée de la peine, et couvre
« par sa décision la disposition que son délégué a provisoirement
« prise. » (*Dépêche du 21 octobre 1853. — Bulletin officiel,* page 753.)

6. Ce droit s'exerce de la manière suivante :

Lorsque le navire se trouve dans un port ou sur une
rade de France, ou dans un port d'une colonie française,
le droit de discipline appartient au commissaire de l'inscription maritime à qui la plainte est adressée par le capitaine.

Sur les rades d'une colonie française, le droit de discipline appartient au commandant du bâtiment de l'État présent sur les lieux, ou, en l'absence de celui-ci, au commissaire de l'inscription maritime.

Le capitaine du navire adresse sa plainte à l'un ou à l'autre,
suivant le cas.

Les gouverneurs des colonies françaises détermineront,
par un arrêté, les limites entre la rade et le port.

Cet arrêté sera soumis à l'approbation du ministre de la $§ 5$ de la circu-
marine.                                                        laire.

Dans les ports et rades des pays étrangers, le droit de $§ 6$ de la circu-
discipline appartient au commandant du bâtiment de l'État, laire.
ou, à son défaut, au consul de France.

Le capitaine adresse sa plainte à l'un ou à l'autre, suivant
le cas.

En l'absence de bâtiments de l'État et à défaut de consul, le droit de discipline appartient au plus âgé des capitaines de navire.

Les capitaines au long cours auront toujours. à cet égard,
la priorité sur les maîtres au cabotage.

4

En mer et dans les lieux où il ne se trouve aucune des autorités mentionnées ci-dessus, le capitaine du navire prononce et fait appliquer les peines de discipline, sauf à en rendre compte dans le premier port où il aborde, soit au commissaire de l'inscription maritime, soit au commandant du bâtiment de l'État, soit au consul.

§ 5 de la circulaire et § 35 du rapport.

7. Dans tous les cas, et en quelque lieu que se trouve le navire, le capitaine, maître ou patron, peut infliger les peines de discipline prévues par l'article 53 du présent décret, sans en référer préalablement à l'une des autorités énoncées en l'article 5, mais à charge par lui de leur en rendre compte dans le plus bref délai possible.

Mais, dans aucun cas, le capitaine, maître ou patron ne peut réunir le tribunal maritime commercial. — De sévères admonitions ont été infligées par *dépêches des 3 mai 1853 et 8 novembre 1854* à deux capitaines au long cours qui s'étaient rendus coupables de cette usurpation de fonctions judiciaires. — Malheureusement les jugements ainsi rendus, et dont l'un n'avait pas prononcé une condamnation de moins de deux mois de prison, étaient exécutés lorsque ces illégalités ont été signalées au Ministre.

8. En cas de conflit sur la compétence en matière de discipline, il sera statué dans les ports et rades de France par le préfet maritime de l'arrondissement, et dans les ports et rades d'une colonie française par le gouverneur.

L'autorité saisie du conflit renverra l'affaire devant le fonctionnaire qui devra en connaître.

## CHAPITRE II.

§ 38 et 39 du rapport.

### DE LA JURIDICTION EN MATIÈRE DE DÉLITS MARITIMES.

9. Il est institué des tribunaux maritimes commerciaux.

Ces tribunaux connaissent des délits maritimes prévus dans le présent décret.

Le refus d'un patron ou d'un capitaine d'obtempérer à un ordre

donné par un capitaine de port constitue-t-il un délit maritime dont
le tribunal maritime commercial puisse connaître ?

« Non, mais une infraction à la police des ports du ressort du con-
« seil de préfecture et que l'officier de port est seul habile à constater. »
(*Dépêche du 17 mai 1852, n° 1651.*)

Ce principe a été de nouveau établi dans une *dépêche du 30 octobre
1855*, qui rappelle dans son dernier paragraphe, « que la compétence
« du conseil de préfecture en matière de grande voirie s'applique aux
« canaux, rivières navigables, ports maritimes de commerce et travaux
« à la mer. »

10. Lorsque le navire se trouve dans un port ou sur
une rade de France, ou dans un port d'une colonie française, la connaissance des délits appartient au tribunal maritime commercial présidé par le commissaire de l'inscription maritime du lieu.

Sur les rades des colonies françaises, la connaissance des
délits appartient au tribunal maritime commercial présidé
par le commandant du bâtiment de guerre présent sur les
lieux, et, en son absence, au tribunal présidé par le commissaire de l'inscription maritime.

Dans les ports et sur les rades des pays étrangers, la con-    § 6 de la circu-
naissance des délits appartient au tribunal maritime com-    laire.
mercial présidé par le commandant du bâtiment de l'État
présent sur les lieux, et, en son absence, au tribunal présidé par le consul.

En cas de conflit sur la compétence, il sera statué comme
il est dit à l'article 8.

« La cour de cassation a jugé, par son arrêt du 5 novembre 1852,
« que la disposition contenue dans le 1er paragraphe de cet article
« n'est pas absolue, quand, *réglant de juges,* à l'occasion d'un conflit
« négatif de juridiction survenu entre le tribunal maritime commer-
« cial et le tribunal correctionnel du Havre, elle a renvoyé l'affaire
« devant le tribunal maritime commercial de Cherbourg. » (*Dépêche
du 20 septembre 1854, n° 3123.*)

La *dépêche du 11 août précédent, n° 2755,* avait déjà établi, en se
reportant aux motifs qui ont dicté l'article 10, « lesquels ne sont autres

4.

« que la nécessité de fournir au tribunal tous les éléments d'une ins-
« truction qui, si elle n'était pas faite sur-le-champ, présenterait
« ensuite, à cause de la dispersion des équipages, d'insurmontables
« difficultés » que, dans le cas où cette instruction pourrait être faite
dans un port autre que celui où se trouve le navire, il y aurait lieu
d'y procéder ainsi qu'au jugement.

Rien ne s'oppose à ce que l'officier du commissariat, chargé par
intérim du service de l'inscription maritime dans un quartier, exerce,
quel que soit son grade, « la présidence du tribunal, dont la compo-
« sition ne doit d'ailleurs subir, pour ce motif, aucune modification. »
(*Dépêche du 13 mai 1853, n° 1268.*)

11. La connaissance des délits communs non prévus par
le présent décret appartient au tribunal correctionnel de
l'arrondissement où se trouve le navire, ou du premier port
français où il aborde.

## CHAPITRE III.

### ORGANISATION DES TRIBUNAUX MARITIMES COMMERCIAUX.

12. Sur un bâtiment de l'État, le tribunal maritime
commercial est composé de cinq membres, savoir :
Le commandant du bâtiment, président;

Juges :
{ L'officier de vaisseau le plus élevé en grade après
le second, ou, à défaut, le second lui-même.
Le plus âgé des capitaines, }
Le plus âgé des officiers, } des navires du com-
Et le plus âgé des maîtres } merce présents sur
d'équipage, les lieux.

Le tribunal ne se réunit qu'avec l'autorisation du commandant de la rade.

*Dépêche du 4 juin 1855, n° 1830.*

Il doit être énoncé en termes exprès dans le dispositif des jugements que le capitaine, l'officier et le maître d'équipage appelés à siéger au tribunal sont les plus âgés présents sur les lieux.

13. S'il n'y a pas sur les lieux d'autre navire du commerce que celui à bord duquel se trouve l'inculpé, le tribunal sera composé de la manière suivante, savoir :

Le commandant du bâtiment de l'État, président ;

Juges : { Les deux plus anciens officiers de vaisseau après le commandant ;
Le plus ancien second maître ;
Un officier ou un matelot du navire où le délit a été commis.

*Dépêche du 30 janvier 1857, n° 271.*

« La composition du tribunal maritime commercial à bord des « bâtiments de l'État est expressément déterminée par les articles 12 « et 13 du décret-loi du 24 mars 1852, dont l'article 17 dispose que « les fonctions de greffier doivent être remplies par l'officier d'admi- « nistration du bord. »
« Chaque fois donc qu'on ne peut composer un tribunal maritime « commercial d'après les prescriptions des articles 12 et 13, suivant « le cas, chaque fois que l'armement d'un bâtiment ne comporte pas « d'officier d'administration, il est impossible de réunir le tribunal « maritime commercial, et si le délit s'est commis en rade d'une co- « lonie française, c'est alors à terre et sous la présidence du commis- « saire de l'inscription maritime que doit s'assembler le tribunal. »

14. Dans un port de France ou d'une colonie française, le tribunal maritime commercial sera composé de cinq membres, savoir :

Le commissaire de l'inscription maritime, président ;

Juges : { Un juge du tribunal de commerce, ou, à défaut, le juge de paix ;
Le capitaine, le lieutenant ou le maître du port ; .

Juges :
{
Le plus âgé des capitaines au long cours valides présents sur les lieux;

Le plus âgé des maîtres d'équipage des navires du commerce, ou, à défaut, le plus âgé des marins valides présents sur les lieux, et ayant rempli ces fonctions.
}

Le juge du tribunal de commerce sera désigné par le président de ce tribunal.

Dans les colonies où le capitaine de port sera supérieur en grade au commissaire de l'inscription maritime, ou plus ancien que lui dans le même grade, ce capitaine sera remplacé par l'agent qui le suivra immédiatement dans l'ordre du service.

Le capitaine au long cours et le maître d'équipage seront désignés par le commissaire de l'inscription maritime.

Le tribunal ne se réunit qu'avec l'autorisation du chef du service maritime présent sur les lieux.

Emploi des modèles n°ˢ 9, 10 et 12.

« Les mots *présents sur les lieux* s'appliquent, soit aux capitaines au « long cours (et non aux maîtres au cabotage), soit aux marins ayant « rempli les fonctions de maître d'équipage, qui se trouvent dans la « circonscription du quartier. » (*Dépêche du 30 avril 1852.* — *Bulletin officiel*, page 534.)

« La proposition pour un emploi d'aspirant-pilote ne s'oppose pas « à ce que le marin qui en est l'objet, et qui a exercé les fonctions de « maître d'équipage, siége au tribunal maritime commercial. » (*Même dépêche.*)

A défaut de marins ayant rempli les fonctions de maître d'équipage, on peut faire entrer dans la composition du tribunal le plus âgé des patrons de pêche présents sur les lieux. (*Dépêche du 8 juin 1852, n° 1914.*) Mais on ne peut remplacer l'officier de port par un maître au cabotage. (*Dépêche du 9 juillet 1858, n° 1706.*)

La *circulaire du 27 mars 1852*, portant envoi du décret-loi, fait remarquer, paragraphe 8, que par personnel valide « on comprend « exclusivement les inscrits qui ne sont pas cinquantenaires. »

Le 9ᵉ paragraphe de la circulaire du 27 mars explique ce qu'on doit entendre par *chef du service maritime*.

15. Dans un port étranger et en l'absence d'un bâtiment de guerre français, le tribunal maritime commercial sera composé de cinq membres, savoir :

Le consul de France, président;

Juges :
{
Le plus âgé des capitaines au long cours présents sur les lieux ;
Le plus âgé des officiers des navires du commerce présents sur les lieux;
Un négociant français désigné par le consul ;
Le plus âgé des maîtres d'équipage des navires du commerce présents sur les lieux.
}

« Il n'est pas nécessaire que, pour être appelé à faire partie du tri- « bunal maritime commercial, un capitaine au long cours soit pourvu « d'un commandement. Ce navigateur peut être pris parmi les capi- « taines valides, c'est-à-dire n'ayant pas encore atteint leur cinquan- « tième année, présents sur les lieux à quelque titre que ce soit. » — Il ne peut être remplacé par un maître au cabotage qui commanderait. — Par présent sur les lieux, on entend présent dans la circonscription du consulat. (*Dépêche du 11 juin 1852, n° 1981.*)

« On ne peut suppléer par des négociants français les officiers de la « marine commerciale qui, aux termes de l'article 15, doivent siéger « au tribunal maritime commercial formé dans les consulats. » (*Dépêche du 3 mai 1853, n° 1209.*)

Quand le tribunal maritime commercial ne peut pas se réunir au consulat et qu'il s'agit de juger des hommes dont le maintien à bord de leur navire constituerait un danger, le consul doit débarquer ces hommes, instruire l'affaire et les renvoyer en France par la première occasion, en mentionnant les dépenses occasionnées par leur déten- tion préventive, afin que ces dépenses soient mises à leur charge en cas de condamnation ou à la charge de l'État en cas d'acquittement. (*Dépêche du 30 janvier 1857, n° 267.*)

Voir les instructions placées à la suite de l'article 7.

16. Le président désigne le membre du tribunal qui doit remplir les fonctions de rapporteur.

Emploi du modèle n° 11.

17. Les fonctions de greffier sont remplies, sur un bâtiment de l'État, par l'officier d'administration;

Dans un port de France ou d'une colonie française, par le commis, ou, à défaut, par l'écrivain de marine le plus ancien;

Dans un port étranger, par le chancelier, ou, à défaut, par un employé du consulat.

*Dépêche du 4 juin 1855, n° 1830.*

« Les fonctions de greffier du tribunal maritime commercial doivent « être confiées au commis de marine ou à l'écrivain le plus ancien « du bureau de l'inscription maritime et non du port en général. »

18. Ne peuvent faire partie d'un tribunal maritime commercial :

1° Le capitaine qui a porté la plainte;

2° Toute autre personne embarquée sur le navire, si elle est offensée, lésée ou partie plaignante.

*Circulaire du 30 novembre 1855* (Bulletin officiel, *page 873*).

Application du décret-loi du 24 mars 1852. — Récusation
des juges.

« Messieurs, j'ai été consulté sur la question de savoir si l'arma- « teur d'un navire, à bord duquel se trouvait un marin appelé à ré- « pondre d'un délit devant le tribunal maritime commercial, peut « siéger dans ce tribunal en sa qualité de juge du tribunal de com- « merce.

« Les seules causes de récusation qu'ait indiquées le décret-loi du « 24 mars 1852, dans ses articles 18 et 21, ne concernent, il est vrai, « que le capitaine qui a porté la plainte, toute autre personne, offen-

« sée, lésée ou partie plaignante, embarquée sur le même navire que
« le prévenu, et les parents et alliés de celui-ci jusqu'aux degrés
« d'oncle et de neveu inclusivement. Mais on aurait tort d'inférer du
« silence de la loi spéciale sur les autres motifs qui peuvent amener
« la récusation de l'un des juges, que les principes généraux du droit
« sur la matière ne sont point applicables aux tribunaux maritimes
« commerciaux. Or, le paragraphe numéroté 7 de l'article 378 du
« Code de procédure civile met au nombre des juges sujets à récusa-
« tion celui qui est maître de l'une des parties, et l'armateur n'est
« autre assurément que le maître du marin qu'il emploie à bord d'un
« de ses navires; car le matelot doit être assimilé à l'ouvrier à gages,
« et le patron de l'ouvrier est considéré comme son maître par les
« articles 1780 et 1781 du Code Napoléon.

« La question posée doit donc être résolue négativement, non-seule-
« ment en vertu du paragraphe spécial au juge maître de l'une des par-
« ties, mais encore par respect pour les principes généraux sur lesquels
« se fonde le droit de récusation, à savoir qu'il ne faut jamais placer un
« juge entre les conseils que pourrait lui dicter son intérêt et les de-
« voirs qui lui sont imposés par l'équité. »

19. Le président du tribunal maritime commercial devra être âgé de vingt-cinq ans, et les autres membres de vingt et un ans au moins.

20. Les parents ou alliés, jusqu'aux degrés d'oncle et de neveu inclusivement, ne peuvent être membres du même tribunal maritime commercial.

21. La parenté, aux degrés fixés par l'article précédent, de l'un des membres du tribunal avec le prévenu ou l'un des prévenus est une cause de récusation.

## CHAPITRE IV.

### DE LA JURIDICTION EN MATIÈRE DE CRIMES MARITIMES.

22. Les tribunaux ordinaires connaissent des crimes ma- §§ 22, 46 et 75 du rapport.
ritimes prévus par le présent décret.

5

# TITRE II.

## DE LA FORME DE PROCÉDER.

## CHAPITRE I^er.

### DE LA FORME DE PROCÉDER EN MATIÈRE DE FAUTES DE DISCIPLINE.

23. Le capitaine tiendra un livre spécial, dit *livre de punitions*, sur lequel toute faute de discipline sera mentionnée par lui ou par l'officier de quart.

L'autorité qui aura statué inscrira sa décision en marge.

Le capitaine annotera de la même manière, sur le livre de punitions, toutes les peines de discipline infligées pendant le cours du voyage.

Le livre de punitions sera coté et parafé par le commissaire de l'inscription maritime du port d'armement du navire. Il sera remis au commissaire de l'inscription maritime du port où le navire sera désarmé administrativement.

Le livre de punitions sera présenté au visa du commissaire de l'inscription maritime ou du consul, suivant le cas, lorsqu'une faute de discipline aura été commise dans l'intervalle compris entre le dernier départ et l'arrivée ou la relâche.

Le livre de punitions (*modèle n° 4*) doit-il être remis au commissaire de l'inscription maritime lors du désarmement administratif du navire? — Non, sans doute, s'il n'y a été fait aucune annotation; mais, dans le cas contraire, ce document devra rester déposé aux archives du bureau de l'inscription maritime du port de désarmement, attendu qu'il pourra, dans bien des cas, être nécessaire d'y recourir. (*Note du 12 février 1853.*)

## CHAPITRE II.

### DE LA FORME DE PROCÉDER EN MATIÈRE DE DÉLITS MARITIMES.

§ 49 du rapport.

24. Aussitôt qu'un délit a été commis à bord, le rapport en est fait au capitaine par le second ou l'officier de quart.

Si le délit a été commis hors du bord, le second en fait le rapport au capitaine.

Si le délit a été commis en présence du capitaine et en l'absence du second et de l'officier de quart, ou s'il parvient à la connaissance du capitaine sans qu'il lui ait été signalé par un rapport de l'un de ces deux officiers, il constate lui-même ce délit.

Les circonstances du délit sont toujours mentionnées sur le livre de punitions.

Voir le commentaire de l'article suivant.

25. Le capitaine, assisté, s'il y a lieu, de l'officier qui a fait le rapport et qui remplit les fonctions de greffier, procède ensuite à une instruction sommaire, reçoit la déposition des témoins à charge et à décharge, et dresse procès-verbal du tout. § 40 du rapport.

Le procès-verbal est signé des témoins, du capitaine et de l'officier faisant fonctions de greffier.

Mention de ce procès-verbal est faite sur le livre de punitions.

Emploi des modèles n°ˢ 2 et 3.

Voir le commentaire de l'article 48.

*Circulaire du 21 juillet 1854 (Bulletin officiel, page 153).*

« Messieurs, les articles 24 et 25 du décret-loi disciplinaire et pénal
» pour la marine marchande, du 24 mars 1852, imposent aux capi-
» taines de navires du commerce l'obligation de constater les délits
« commis à leur bord, et de réunir les éléments d'une instruction
« sommaire qui permette de déférer ultérieurement les coupables aux
» poursuites d'un tribunal maritime commercial.

« Ces sages prescriptions ne sont cependant pas toujours observées,
« et il en résulte que, dans bien des cas, à défaut de témoins, souvent
« en cours de voyage, il devient impossible d'assurer la répression de
« délits, qu'au point de vue de la discipline, il est du plus regrettable
« effet de laisser impunis.

« Je vous invite, en conséquence, à éveiller sur ce point l'attention
« des capitaines, et à leur rappeler qu'en négligeant de se conformer

« aux articles 24 et 25 précités, ils encourent eux-mêmes la peine
« de 25 à 300 francs d'amende écrite dans l'article 48 du décret-loi. »

§ 49 du rapport.

26. Si les faits se sont passés dans un port ou sur une
rade de France, ou dans un port d'une colonie française, le
capitaine adresse sa plainte et les pièces du procès au commissaire de l'inscription maritime, dans les trois jours qui
suivent celui où le délit a été constaté; s'ils se sont passés
sur la rade d'une colonie française, il l'adresse dans le même
délai au commandant du bâtiment de l'État présent sur les
lieux, ou, en l'absence de celui-ci, au commissaire de l'inscription maritime; s'ils se sont passés à l'étranger, il l'adresse
au commandant du bâtiment de l'État présent sur les lieux,
ou, à défaut, au consul de France. Si le délit a été commis,
soit en mer, soit dans une localité étrangère où il n'y ait
ni bâtiment de l'État ni consul de France, le capitaine remet sa plainte, dans le premier port où il aborde, soit au
commissaire de l'inscription maritime, soit au commandant
du bâtiment de l'État, soit au consul, suivant qu'il y a lieu,
en se conformant aux dispositions du présent article.

30 du rapport.

Lorsque les faits rentrent dans la catégorie des délits communs non prévus par le présent décret, et sont, en conséquence, réservés aux tribunaux ordinaires, le commissaire
de l'inscription maritime ou le commandant du bâtiment de
l'État qui a reçu la plainte la transmet au procureur de la
République du lieu.

*Circulaire du 28 juillet 1854* (Bulletin officiel, *page 190*).

La déclaration signée entre la France et l'Angleterre, le 23 juin
1854 (1), relativement à l'extradition réciproque des matelots déserteurs, n'en autorisant la poursuite que pendant le séjour du navire
auxquels ils appartiennent, « la plus grande diligence doit être appor-
« tée dans la recherche des déserteurs; aussi ai-je prié M. le ministre
« des affaires étrangères de vouloir bien prescrire à nos agents con-

(1) Ratifiée et promulguée par décret du 4 juillet 1854 (*Bulletin officiel,*
page 103).

« sulaires en Angleterre de procéder d'office à leur arrestation, lors
« même qu'elle ne serait pas provoquée par les capitaines.

« Il paraît, en effet, d'après une lettre adressée à mon collègue par
« M. le consul général de France à Londres, qu'il y aurait souvent
« de graves inconvénients à attendre la réquisition officielle des capi-
« taines, les uns n'étant pas toujours mécontents d'être débarrassés
« d'un mauvais sujet, les autres ne se souciant pas d'encourir les
« frais qu'entraînent inévitablement la recherche et l'arrestation d'un
« déserteur.

« Mais l'intérêt privé n'est pas le seul en jeu dans le délit de déser-  §67 du rapport.
« tion ; il y a là aussi, vous le savez, une question d'ordre public, qui
« ne permet pas à un capitaine d'abandonner la recherche d'un dé-
« serteur, lors même qu'il y aurait quelque avantage pour ses arma-
« teurs.

« Les capitaines sont d'ailleurs tenus, aux termes de l'article 26
« du décret-loi du 24 mars 1852, dans le cas de délits commis à l'é-
« tranger, d'adresser leur plainte au consul dans les trois jours qui
« suivent celui où le délit a été constaté, et l'article 48 du même acte
« fournit les moyens de sévir contre les navigateurs qui négligent
« l'accomplissement de ce devoir.

« Je vous invite, en conséquence, comme je l'ai fait par ma circu-
« laire du 21 de ce mois (1), relative à l'exécution des deux articles
« précédents, à rappeler aux capitaines les obligations que leur impose
« ledit article 26, et la peine qu'ils encourent en ne s'y soumettant
« pas. Vous ne leur laisserez pas ignorer que je suis disposé à dé-
« ployer la plus grande rigueur à cet égard, et que je ne souffrirai
« pas que la négligence ou de mesquines considérations rendent in-
« efficaces les mesures concertées avec le Royaume-Uni, et dans l'a-
« doption desquelles le commerce, qui a si souvent fait entendre des
« plaintes fondées contre la désertion des équipages, a dû voir une
« nouvelle preuve de la sollicitude du gouvernement de l'Empereur
« pour ses intérêts. »

### Dépêche du 9 novembre 1855, n° 3581.

Les commissaires de l'inscription maritime ont le droit de provoquer des poursuites d'office contre un marin au sujet duquel le capitaine n'aurait pas rempli les formalités imposées par les articles 24
et 25 du décret-loi du 24 mars 1852.

Voir le commentaire des articles 65 et 66.

(1) Voir les articles 24 et 25.

27. Lorsque le prévenu d'un des délits énoncés dans le présent décret sera le capitaine du navire, les poursuites auront lieu, soit sur la plainte des officiers et marins, de l'équipage ou des passagers, soit d'office.

Dans le premier cas, la plainte sera portée dans les délais prescrits par l'article 26 au commissaire de l'inscription maritime, au commandant du bâtiment de l'État ou au consul, suivant les circonstances prévues par cet article.

28. L'autorité saisie de la plainte nomme le tribunal maritime commercial qui doit en connaître, désigne le rapporteur, qu'elle charge de prendre immédiatement les informations nécessaires, et convoque le tribunal dès que l'affaire est suffisamment instruite.

Emploi du modèle n° 11.

29. Les séances des tribunaux maritimes commerciaux sont publiques. Leur police appartient au président.

A terre, le tribunal s'assemble, soit au bureau de l'inscription maritime, soit au bureau de la chancellerie, suivant qu'il y a lieu.

A bord, le tribunal se réunit dans le local affecté aux séances du conseil de guerre.

Le tribunal maritime commercial ne peut se réunir en France et aux colonies qu'au bureau de l'inscription maritime (*dépêche du 19 juin 1852, n° 2093*), et dans les consulats, qu'au bureau de la chancellerie (*dépêche du 18 novembre 1856, n° 2731*).

Il ne peut se réunir dans les sous-quartiers. (*Circulaire du 21 octobre 1853. Bulletin officiel, page 753.*)

30. A l'ouverture de la séance, le président fait déposer sur le bureau un exemplaire du présent décret.

Il dit ensuite à haute voix aux membres du tribunal, qui sont comme lui debout et découverts :

« Nous jurons devant Dieu de remplir nos fonctions au « tribunal maritime commercial avec impartialité. »

Chaque membre répond : « Je le jure. »

Mention de cette formalité est faite au procès-verbal.

31. Le président fait donner lecture par le rapporteur de la plainte et des différentes pièces de la procédure, tant à charge qu'à décharge.

L'accusé est ensuite introduit devant le tribunal; il y comparaît libre, et assisté, s'il le désire, d'un défenseur à son choix.

La *circulaire du 29 novembre 1853* (*Bulletin officiel*, page 853) répond ainsi à la question de savoir si les tribunaux maritimes commerciaux peuvent juger *par défaut* :

« Tout jugement rendu par défaut par un tribunal maritime com-« mercial ne saurait avoir aucune suite, car il est entaché d'excès de « pouvoir.

« En effet, lorsque les lois ont permis à un tribunal de prononcer « sur le sort d'un accusé en son absence, elles l'ont expressément dé-« claré, et ont environné l'exercice de cette faculté de formalités et « de conditions destinées à protéger le défaillant ou le contumax « contre l'insuffisance de preuves ou l'exécution d'un jugement rendu « dans des circonstances défavorables au prévenu. Or, le décret du « 24 mars 1852 ne contenant, comme la loi générale (art. 149, 150, « 151, 186, 187, 208 et 465 à 478 du Code d'instruction crimi-« nelle, loi du 12 octobre 1791), aucune disposition prévoyant le « cas de l'absence du prévenu; ni, comme le décret du 12 novembre « 1806, un renvoi explicite aux formes de procédure du Code d'ins-« truction criminelle, on ne peut appliquer par voie d'analogie, de-« vant une juridiction qui n'ouvre aucun recours ni en révision, ni en « cassation en faveur des condamnés, des dispositions dont l'effet « serait d'aggraver leur position. »

Les pièces de la procédure doivent être communiquées, sur sa demande, au défenseur de l'inculpé.

Le ministre s'exprime à ce sujet de la manière suivante dans une *dépêche*, en date du *1er février 1853*, n° 302 :

« La lecture du procès-verbal de la séance du tribunal m'a donné « lieu de remarquer que communication préalable des pièces de la « procédure avait été refusée au défenseur du matelot accusé, qui, « par suite, a déclaré à l'audience avoir été dans l'impossibilité de pré-« parer sa défense. Le tribunal, après avoir délibéré sur cet incident, « a décidé, conformément à la demande du défenseur, que la séance « serait suspendue pendant une heure, afin qu'il pût prendre con-« naissance de toutes les pièces de la procédure. Le refus de commu-

« nication préalable de ces pièces a été basé sur le silence que garde
« à cet égard le décret du 24 mars. Je regrette qu'on ait cru pouvoir
« arguer de ce silence, en présence des articles 31 et 32, qui prévoient
« que le prévenu pourra recourir à l'assistance d'un défenseur. Du
« moment où cette faculté était reconnue, il en découlait nécessaire-
« ment que toutes les facilités compatibles avec la simplicité et la ra-
« pidité des formes de procéder des tribunaux maritimes commerciaux
« devaient être accordées, afin que la défense ne devînt pas illusoire.
« Parmi ces facilités figure naturellement en première ligne la com-
« munication en temps utile des pièces de l'instruction. »

32. Le président fait connaître à l'accusé, après constatation de son identité, le délit pour lequel il est traduit devant le tribunal.

Il l'avertit, ainsi que son défenseur, qu'il lui est permis
de dire tout ce qu'il jugera utile à sa défense, sans s'écarter
toutefois des bornes de la décence et de la modération, ou
du respect dû au principe d'autorité.

33. Le président est investi d'un pouvoir discrétionnaire
pour la direction des débats et la découverte de la vérité.

L'accusé peut faire appeler toutes les personnes qu'il désire faire entendre. Toutefois, le retard d'un témoin ne peut
arrêter les débats.

34. Le président interroge l'accusé et reçoit les dépositions des témoins.

Ne peuvent être reçues les dépositions des ascendants et
descendants, des frères ou sœurs ou des alliés au même degré,
du conjoint de l'accusé ou de l'un des accusés du même fait.

Chacun des membres du tribunal est autorisé à poser
des questions à l'accusé comme aux témoins, après en avoir
fait la demande au président.

L'accusé présente sa défense, soit par lui-même, soit par
l'organe de son défenseur.

Le président, après avoir demandé à l'accusé s'il n'a rien
à ajouter dans l'intérêt de sa défense, résume les faits sans
exprimer son opinion personnelle.

Les témoins entendus dans l'information doivent-ils renouveler
leurs dépositions devant le tribunal ?

Résolu affirmativement par la *dépêche du 19 novembre 1852*, dans laquelle le ministre s'exprime ainsi :

« On remarque dans le jugement rendu le 28 juillet, que le pro-
« noncé en a été remis à une autre séance, parce que les témoins en-
« tendus dans l'information n'avaient point été cités à l'audience pour
« renouveler leurs dépositions devant le tribunal. C'est avec raison
« que le tribunal a retenu sa décision : hors les cas dans lesquels la
« loi a attaché le caractère de preuves légales à des pièces produites
« par une information préalable, il est de principe que ces pièces,
« procès-verbaux, enquête, dépositions de témoins, ces dernières
« surtout, ne peuvent acquérir ce caractère de preuves suffisantes dans
« la conscience des juges, que lorsque les faits y dénoncés sont de
« nouveau affirmés devant eux et sous la foi du serment. »

35. Après la clôture des débats, le président fait retirer l'accusé ainsi que l'auditoire pour délibérer.

Les membres du tribunal opinent dans l'ordre inverse des classifications mentionnées aux articles 12, 13, 14 et 15. Le président émet son opinion le dernier.

36. Toutes les questions de culpabilité posées par le président sont résolues à la majorité des voix.

Si l'accusé est déclaré coupable, le tribunal délibère sur l'application de la peine.

Le prononcé du jugement peut-il être ajourné pour plus ample informé ?

Résolu de la manière suivante par la *dépêche précitée du 19 novembre 1852* :

« Bien que l'ajournement pour plus ample informé ne soit pas
« interdit d'une manière expresse par le décret du 24 mars, cependant
« il doit être évité comme s'accordant peu avec la rapidité que l'on a
« désiré introduire dans la procédure devant le tribunal maritime
« commercial. »          .

37. Le tribunal, si le fait lui paraît rentrer dans la ca-tégorie des fautes de discipline, peut prononcer seulement une des peines prévues par l'article 52 du présent décret.

Les actes d'improbité ne peuvent, dans aucun cas, être considérés comme fautes de discipline. (*Dépêche du 31 décembre 1852, n° 4480.*)

38. Si le tribunal reconnaît que le fait est de la compétence des tribunaux ordinaires, il déclare et motive son incompétence.

Dans ce cas, on applique les dispositions du chapitre III du présent titre.

La déclaration du tribunal est jointe au dossier de l'affaire.

Ce n'est pas une raison, parce que le tribunal range un fait dans la catégorie des fautes de discipline, pour qu'il se déclare incompétent, et renvoie le prévenu devant son capitaine, afin que celui-ci use à son égard du droit que lui confèrent les articles 7 et 53. Ainsi que l'énonce l'article 37, le tribunal prononce lui-même l'une des peines écrites dans l'article 52. (*Dépêche du 10 août 1852, n° 2712.*)

39. Le jugement est rédigé en trois expéditions, dont une servant de minute, par le greffier, et signée par le président et par les membres du tribunal.

Il mentionne l'observation des dispositions prescrites par les articles 12 à 21, et par les articles 30, 31, 32 et 36 du présent décret.

Il indique, s'il y a lieu, les quartier et numéro d'inscription de l'accusé.

Emploi du modèle n° 18.

Une *dépêche du 25 mai 1852*, n° 1714, fait observer qu'il est superflu de dresser un procès-verbal cumulativement avec le libellé du jugement, ce dernier document devant contenir tous les détails que comporterait le premier.

*Circulaire du 14 décembre 1852* (*Bulletin officiel*, page 574) indiquant le nouvel intitulé des jugements des tribunaux maritimes commerciaux.

« Messieurs, un décret en date du 2 de ce mois (1) détermine une « nouvelle formule exécutoire des arrêts, jugements, etc.

« Par suite, les expéditions des jugements des tribunaux maritimes « commerciaux doivent être intitulées de la manière suivante :

« NAPOLÉON, par la grâce de Dieu et la volonté nationale, Empereur des Français,

(1) *Bulletin des lois*, XI<sup>e</sup> série, n° 1, page 8.

« A tous présents et à venir, SALUT. »

*( Copier le jugement.)*

« Je vous recommande de vous conformer à cette disposition et de
« ne pas perdre de vue que l'article 40 du décret du 24 mars 1852
« ayant déterminé une formule exécutoire spéciale pour les jugements
« rendus par les tribunaux maritimes commerciaux, il n'y a pas lieu
« de terminer les décisions judiciaires par celle qu'indique le décret
« précité du 2 décembre 1852 (mandons et ordonnons, etc.). »

### Dépêche du 10 mai 1853 (Bulletin officiel, *page 356*).

« Il est de principe, en matière criminelle, que tout jugement por-
« tant condamnation doit être motivé en fait et en droit :
« En fait, par l'exposé clair et succinct, sous la forme de considé-
« rants, des faits pour lesquels les prévenus sont en cause ;
« En droit, par la reproduction littérale des dispositions pénales
« dont il est fait application. »
Se conformer à cette règle.

### Dépêche du 17 mars 1854, n° 915.

La minute des jugements rendus à bord de bâtiments de guerre
doit être déposée, lors du désarmement du bâtiment, au bureau des
armements avec le rôle d'équipage.
L'obligation d'indiquer les quartier et numéro d'inscription de
l'accusé a été rappelée par *circulaire du 5 août 1854 (Bulletin officiel,*
page 227).

40. Le président écrit au bas du jugement : « Soit exécuté
« selon la forme et teneur, » et il prend les mesures nécessaires pour en assurer l'exécution.

« Aux termes des articles 40 et 41 (dit le ministre dans la *dépêche*
« *du 19 novembre 1852*), c'est au président qu'il appartient d'or-
« donner l'exécution des sentences du tribunal maritime commer-
« cial, et au procureur de la République d'y pourvoir sur la réquisi-
« tion du président. La formule *mandons et ordonnons* ne doit donc pas
« être employée dans l'espèce. » Voir la *circulaire du 14 décembre 1852*,
reproduite à la suite de l'article 39.

41. Lorsque le jugement est rendu en France et emporte la

6.

peine d'emprisonnement, le coupable est remis sans délai,
par le président du tribunal, avec une expédition du jugement, à la disposition du procureur de la République du
lieu, qui fait exécuter la sentence.

La peine d'emprisonnement prononcée hors de France est
toujours subie dans la métropole, lorsque la durée de cette
peine excède trois mois. Dans ce cas, le coupable est renvoyé le plus promptement possible, et remis, à son arrivée
dans un port français, au procureur de la République du
lieu, par l'autorité maritime locale.

Lorsque la peine d'emprisonnement prononcée hors de
France n'excède pas trois mois, le coupable peut la subir,
soit en France, soit dans la colonie française, soit dans le
pays étranger où le jugement a été rendu.

Emploi du modèle n° 20.

Y a-t-il lieu d'allouer une indemnité aux gendarmes qui conduisent
en prison les marins condamnés à l'emprisonnement par mesure disciplinaire ? — Non, dit la *dépêche du 12 novembre 1852 (Bulletin officiel,*
page 418), car « la conduite à destination des prévenus ou condamnés
« rentre dans les obligations de la gendarmerie départementale (1),
« qui est tenue de conduire gratuitement, de brigade en brigade, les
« prisonniers pour lesquels d'autres moyens de transport n'ont pas
« été déterminés. »

*Circulaire du 12 avril 1853* ( Bulletin officiel, *page 302).*

« L'article 41 du décret qui prescrit l'intervention du ministère
« public pour l'exécution des peines est exclusivement applicable,
« d'après ses termes et la place qu'il occupe, aux peines prononcées
« par les tribunaux maritimes commerciaux, et il paraîtrait difficile
« de l'étendre, par voie d'analogie, à des décisions rendues par des com-
« missaires de l'inscription maritime, personnellement chargés d'une
« juridiction de police d'une nature toute spéciale et absolument étran-
« gère aux formes et aux conditions de la justice ordinaire.
« Il s'agit, dans l'espèce, de peines purement disciplinaires qui,

(1) Voir le chapitre 11 du titre IV du décret du 1ᵉʳ mars 1854, portant règlement sur l'organisation et le service de la gendarmerie. ( *Bulletin des lois,*
XI° série, n° 152, page 695.)

« pour avoir toute leur efficacité, doivent être immédiatement pro-
« noncées et exécutées par la même personne. D'ailleurs, les décisions
« dont il s'agit n'étant susceptibles, aux termes de l'article 5, d'aucun
« recours en révision ni en cassation, il n'y a aucune nécessité de les
« soumettre à l'examen du ministère public et d'exiger son interven-
« tion pour leur exécution. L'administration maritime reste donc
« seule chargée, sous sa responsabilité, de tout ce qui se rattache à
« cette exécution. »

La *même circulaire* reconnaît aux commissaires de l'inscription maritime le droit de détenir préventivement les prévenus, car (dit le
ministre) « la détention préventive est la conséquence immédiate du
« droit de répression. Toutefois, afin de ne pas s'écarter du principe
« d'une juridiction prompte et sommaire qui a présidé à la rédaction
« du décret du 24 mars 1852, j'insiste d'une manière expresse pour
« que la détention préventive soit restreinte à huit jours, dans les
« circonstances où il sera jugé indispensable de recourir à cette me-
« sure, et je recommande de prendre les ordres de l'autorité supé-
« rieure lorsqu'elle devra se prolonger au delà de cette durée.

« Cette détention continuera d'ailleurs d'avoir lieu sur la seule ré-
« quisition des commissaires de l'inscription maritime, attendu que,
« aux termes de l'article 41 du décret, les individus justiciables des
« tribunaux maritimes commerciaux ne doivent être remis au minis-
« tère public qu'après le prononcé d'un jugement emportant la peine
« d'emprisonnement. »

*Circulaire du 14 juillet 1853* (Bulletin officiel, *page 411*).

Dispositions à prendre à l'égard des marins du commerce condamnés à l'emprisonnement par les tribunaux maritimes commerciaux formés à bord
des bâtiments de l'État.

« Messieurs, j'ai eu lieu de remarquer que des marins du com-
« merce, jugés par les tribunaux maritimes commerciaux formés à
« bord des bâtiments de l'État, et condamnés à la peine de l'empri-
« sonnement, ont été mis aux fers à bord de ces bâtiments jusqu'à ce
« qu'il ait été possible de les déposer dans un port des colonies ou de
« la métropole.

« Les marins dont il s'agit auraient dû être considérés comme de
« simples passagers à la ration, à moins qu'ils ne se fussent placés
« dans l'un des cas prévus par le dernier paragraphe de la 1re section
« de l'article 52 de la loi du 24 mars 1852, et les dispositions à
« prendre à leur égard auraient dû se borner à une surveillance suf-
« fisante pour prévenir leur évasion. »

*Dépêche du 8 octobre 1853* (Bulletin officiel, *page 731*).

Les déserteurs des navires du commerce pourront être jugés, par dérogation à l'article 41, au chef-lieu de leur quartier ou du quartier dans lequel ils auront été arrêtés.

*Circulaire du 21 octobre 1853* (Bulletin officiel, *page 755*).

En cas de condamnation à l'emprisonnement par des tribunaux maritimes commerciaux réunis à bord de bâtiments de guerre et de renvoi des coupables en France, dans un consulat ou dans une colonie, pour y subir leur peine, « les condamnés doivent toujours être « accompagnés d'une expédition du jugement sans laquelle les consuls, « à l'étranger, et les procureurs impériaux, en France et dans les « colonies, ne pourraient requérir leur incarcération.

« Les prescriptions de l'article 41 ne doivent être suivies qu'en ce « qui touche les jugements rendus par les tribunaux maritimes com- « merciaux. Quant à l'exécution des sentences prononcées par les « tribunaux ordinaires contre les individus prévenus de crimes mari- « times, elle paraît être restée soumise aux règles générales en vi- « gueur. »

D'où il suit que des individus condamnés à plus de trois mois de prison, pour crimes maritimes, par des cours d'assises coloniales, ne doivent point être renvoyés en France pour y subir leur peine. (*Note du 10 décembre 1853, n° 3427.*)

*Dépêche du 14 février 1854* (Bulletin officiel, *page 201*).

*Question :* « Le procureur impérial de Grasse avait-il le droit de « s'opposer à l'exécution du jugement rendu par le tribunal mari- « time commercial d'Antibes, qu'il considérait comme ayant violé la « loi ? »

*Réponse :* « L'article 41 du décret a chargé les procureurs impé- « riaux de l'exécution des jugements rendus par les tribunaux mari- « times commerciaux, et l'on ne saurait admettre que ces magistrats « pussent être contraints à violer sciemment la loi en faisant exécuter « des sentences illégales.

« Je ne pense donc pas (dit le ministre) qu'il y ait lieu de provo- « quer de M. le garde des sceaux des instructions ayant pour objet « d'interdire au ministère public toute observation en ce qui touche « le décret disciplinaire et pénal pour la marine marchande. »

*Dépêche du 15 décembre 1854, n° 3948.*

« L'expression *renvoyé*, employée à dessein dans le 2ᵉ paragraphe
« de l'article 41, prouve qu'il ne concerne que les marins partis de
« France à bord du navire sur lequel le délit a été commis, ou ceux
« qui, restés, pour quelque motif que ce soit, dans un consulat ou
« dans une colonie, y ont été embarqués pour *retourner* en France;
« mais ce serait évidemment faire une application peu rationnelle de
« la disposition dont il s'agit que d'*envoyer* dans la métropole, pour y
« subir leur peine, des marins embarqués dans le ressort du consulat
« ou de la colonie même où ils ont passé en jugement, où ils sont nés
« et domiciliés, où ils exercent habituellement leur profession, et qu'il
« faudrait nécessairement y *renvoyer* plus tard. »

42. Les peines prononcées hors de France contre les                  § 55 du rapport.
capitaines de navires ne seront subies par eux qu'à leur re-
tour dans la métropole.

Les jugements portant ces pénalités seront inscrits, à cet
effet, sur le livre de punition, par le président du tribunal
maritime commercial qui aura rendu la sentence. Mention en sera faite, en outre, sur le rôle d'équipage du navire.

43. Le payement des amendes prononcées en vertu du
présent décret est poursuivi, dans les formes ordinaires, par
le receveur des domaines du lieu où désarme le navire à
bord duquel le coupable est embarqué ou du lieu d'inscription du délinquant. Cette poursuite est faite à la requête de
l'autorité maritime locale.

Si le coupable est débarqué en cours de voyage, le payement des amendes est poursuivi par le receveur des domaines du lieu où le débarquement s'opère.

Si le débarquement s'effectue à l'étranger, le consul est
chargé de poursuivre le payement des amendes.

Les poursuites peuvent aussi avoir lieu, dans tous les
cas, par voie administrative, à la diligence des commissaires
de l'inscription maritime ou des consuls.

*Circulaire du 27 août 1852* (Bulletin officiel, *page 218*).

Décrets des 24 et 26 mars 1852. — Indemnités aux témoins. — Avance et remboursement des frais de justice. — Recouvrement du produit d'amendes et de saisies attribué à la caisse des invalides.

« Messieurs, aux termes de l'article 46 du décret disciplinaire et « pénal pour la marine marchande, du 24 mars 1852, la procédure « devant les tribunaux maritimes commerciaux ne donne lieu à la « *perception* d'aucuns frais ni d'aucunes taxes quelconques.

« J'ai été consulté sur la question de savoir s'il fallait conclure de « cette disposition qu'aucune indemnité de déplacement ne sera allouée « aux personnes citées comme témoins devant ces tribunaux.

« Une pareille interprétation ne m'a point paru admissible, car elle « aurait parfois pour résultat d'entraver l'action des tribunaux mari- « times commerciaux.

« En conséquence, les personnes citées comme témoins devant les « tribunaux dont il s'agit, et qui appartiendront aux divers corps de « la marine, recevront les allocations déterminées pour les cas de l'es- « pèce par le décret du 1er octobre 1851 (1), portant règlement sur les « indemnités de route et de séjour.

« Les dépenses auxquelles ces allocations donneront lieu seront « imputées sur l'article 1er du chapitre xvii du budget (frais de « voyage, conduite et vacations).

« Quant aux autres témoins, c'est-à-dire ceux n'appartenant point « à l'un des corps de la marine, ils devront être traités conformément « aux dispositions des décrets des 18 juin 1811 (2) et 7 avril 1813 (3).

« Pour ces derniers, les receveurs de l'enregistrement seront char- « gés de faire, au besoin, l'avance des taxes à témoins, ainsi que des « frais de voyage et de séjour qu'il y aurait lieu de leur allouer, selon « les règles concertées entre les départements des finances et de la ma- « rine, à l'occasion du recouvrement des amendes et confiscations « prononcées pour contraventions aux lois et règlements maritimes (4).

« Lorsqu'il y aura lieu à des frais de cette nature, qui ne sont pas « *perçus*, mais *remboursés*, ils devront être mis, conformément aux « principes généraux du droit criminel (loi du 18 germinal an vii (5),

(1) *Bulletin officiel de la marine*, 1851, 2e semestre, page 295.
(2) *Bulletin des lois*, ive série, bulletin 377, n° 7035, page 581.
(3) *Idem*, ive série, bulletin 497, n° 9106, page 609. — La dépêche du *16 mars 1853*, n° 729, rappelle que, en ce qui concerne les témoins, la taxe ne doit « leur être allouée que sur leur demande formelle. »
(4) *Annales maritimes*, 1840, partie officielle, page 991.
(5) *Bulletin des lois*, an vii, bulletin 270, n° 2800.

« articles 162, 194, et 368 du Code d'instruction criminelle et 55 du
« Code pénal), à la charge de la partie qui succombera. Ces frais se-
« ront donc, suivant le cas, recouvrés sur le condamné ou imputés sur
« l'article 2 du chapitre viii du budget de la marine (justice mari-
« time).

« Je n'ai sans doute pas besoin de rappeler ici qu'en instituant les
« tribunaux maritimes commerciaux, on a voulu créer une juridiction
« appropriée à la condition des justiciables, procédant aussi sommai-
« rement que possible, et qu'il importe conséquemment de ne recou-
« rir, soit pour l'instruction, soit pour le jugement des affaires déférées
« à ces tribunaux, à l'audition de témoins qu'il faudrait déplacer et
« indemniser, qu'en cas d'absolue nécessité.

« Je saisis cette occasion de porter à votre connaissance, en les re-
« produisant à la suite de la présente circulaire, les dépêches que j'ai
« adressées à M. le ministre des finances le 27 juillet dernier et sous
« la date de ce jour, relativement au recouvrement du produit d'a-
« mendes et de saisies attribué à la caisse des invalides de la marine
« par les décrets des 9 janvier, 2, 19, 20, 24 et 28 mars 1852. La
« dernière de ces dépêches demande, comme vous le remarquerez,
« que les receveurs de l'enregistrement et des domaines fassent non-
« seulement l'avance des frais que pourront occasionner les affaires
« dont le jugement est dévolu aux tribunaux maritimes commerciaux
« par le décret du 24 mars 1852, mais aussi des frais de justice résul-
« tant de la procédure devant les tribunaux maritimes établis par le
« décret du 12 novembre 1806 (2), et auquel celui du 26 mars 1852 (3)
« vient de rendre leur ancienne compétence.

« Recevez, Messieurs, l'assurance de ma considération très-dis-
« tinguée. »

« Signé Th. DUCOS. »

ANNEXES.

*Le Ministre de la marine et des colonies à M. le Ministre des finances.*

« Paris, le 27 juillet 1852.

« Monsieur le Ministre et cher collègue, par une lettre du 4 juin
« dernier, vous m'avez fait l'honneur de me consulter au sujet de l'exé-
« cution de celles des dispositions du décret du 19 mars 1852 (art. 11
« et 12) (3) relatives au recouvrement des amendes prononcées pour

---

(1) *Recueil des lois de la marine,* tome XVI, page 120.
(2) *Bulletin officiel de la marine,* 1852, 1er semestre, page 383.
(3) *Idem,* 1852, 1er semestre, page 312.

« infractions aux prescriptions dudit acte, à leur versement entre les
« mains des trésoriers des invalides de la marine et à la dévolution
« aux syndics des gens de mer, gardes maritimes, gendarmes de la
« marine et agents des douanes, qui auront constaté les contraven-
« tions, du cinquième de ces amendes, sans que toutefois cette allo-
« cation puisse excéder 25 francs pour chaque infraction.

   « Ainsi que vous l'avez pensé, le produit des amendes de l'espèce
« devra être remis, suivant l'usage, sous la seule déduction des frais
« de régie, par les préposés de l'administration de l'enregistrement et
« des domaines, à la caisse des invalides de la marine à laquelle il est
« attribué, et cette caisse aura à payer aux agents qui auront constaté
« les contraventions la part dont la dévolution leur est faite.

   « Je vous prie d'ailleurs de remarquer que ce n'est pas seulement à
« l'occasion du décret du 19 mars dernier qu'il y a lieu de procéder
« ainsi, mais aussi pour l'exécution de ceux du 9 janvier 1852 sur la
« pêche côtière (art. 15 et 23) (1), et du 20 mars suivant (2), sur la
« navigation au bornage, dont l'article 8 rend applicables aux infrac-
« tions qu'il prévoit les dispositions des articles 8, 9, 10, 11 et 12 du
« décret du 19 du même mois, concernant le rôle d'équipage.

   « Je vous serai obligé d'adresser des instructions dans ce sens aux
« préposés de l'enregistrement en leur rappelant, d'ailleurs, l'instruc-
« tion générale qui leur a été adressée le 28 mars 1840 (3), par suite
« de dispositions concertées entre nos deux départements, relativement
« aux amendes et confiscations prononcées pour contraventions aux
« lois et règlements maritimes. Indépendamment des décrets des
« 9 janvier, 19 et 20 mars 1852, ci-dessus mentionnés, il conviendrait
« aussi, à mon avis, d'indiquer les actes ci-après, qui attribuent à la
« caisse des invalides de la marine, en tout ou en partie, le produit
« des amendes et saisies qu'ils édictent, savoir :

   « Décret du 2 mars 1852 (4), sur la pêche de la morue à Terre-
« Neuve (art. 46);

   « Décret disciplinaire et pénal pour la marine marchande du 24 mars
« 1852 (art. 43 et 88);

   « Décret du 28 mars 1852, relatif à la pêche du hareng (art. 12
« et 14) (5);

   « Agréez, Monsieur le Ministre et cher collègue, l'assurance de ma
« haute considération.

                              « Signé Th. DUCOS. »

_____

(1) *Bulletin officiel de la marine*, 1852, 1er semestre, p. 44.
(2) *Idem*, p. 328.
(3) *Annales maritimes*, 1840, partie officielle, page 991.
(4) *Bulletin officiel de la marine*, 1852, 1er semestre, p. 215.
(5) *Idem*, page 443.

*Le Ministre de la marine et des colonies à M. le Ministre des*
*finances.*

« Paris, le 27 août 1852.

« Monsieur le Ministre et cher collègue, par une lettre du 2 juin
« dernier, vous m'avez fait fait l'honneur de me communiquer un rap-
« port de M. le directeur général de l'enregistrement et des domaines
« relatif à quelques difficultés auxquelles lui paraissait devoir donner
« lieu l'exécution du décret disciplinaire et pénal pour la marine mar-
« chande, du 24 mars 1852, inséré au *Bulletin des lois,* x⁰ série,
« bulletin n° 524, n° 4006.

« Des circulaires que j'ai adressées le 24 juillet dernier (1), et sous
« la date de ce jour, aux autorités maritimes, ont résolu la plupart des
« questions posées dans le rapport dont il s'agit. J'ai l'honneur de
« vous en remettre ci-joint des exemplaires.

« Le dernier paragraphe de l'article 43 du décret précité, qui porte
« que les poursuites pour le recouvrement des amendes peuvent avoir
« lieu, dans tous les cas, par voie administrative, à la diligence des
« commissaires de l'inscription maritime ou des consuls, a conduit
« M. le directeur général de l'enregistrement à exprimer le désir que
« je détermine d'une manière précise les circonstances dans lesquelles
« le concours ou l'action des receveurs de l'enregistrement me paraît
« nécessaire.

« Je n'aperçois pas l'utilité de cette indication, qu'il serait d'ailleurs
« difficile de donner aussi complétement qu'on le désirerait, en pré-
« sence des termes du 1ᵉʳ paragraphe dudit article 43, qui est ainsi
« conçu :

« *Le payement des amendes prononcées en vertu du présent décret est*
« *poursuivi, dans les formes ordinaires, par le receveur des domaines du*
« *lieu où désarme le navire à bord duquel le coupable est embarqué, ou du*
« *lieu d'inscription du délinquant. Cette poursuite est faite à la requête de*
« *l'autorité maritime locale.* »

« Les receveurs de l'enregistrement auront donc à poursuivre le
« recouvrement des amendes chaque fois qu'ils en seront requis par
« l'autorité maritime, qui s'abstiendra naturellement de recourir à
« leur intervention lorsqu'elle pourra, par exemple, prélever le mon-
« tant d'une amende sur les salaires dus à un marin condamné à
« l'emprisonnement, indépendamment de cette peine pécuniaire, et
« qui, par suite, doit être débarqué d'un navire et soldé de ses gages.

« Je vous prie, Monsieur le Ministre et cher collègue, de vouloir
« bien faire adresser à MM. les receveurs de l'enregistrement des ins-

(1) *Bulletin officiel de la marine,* 1852, 2ᵉ semestre, page 83.

7.

« tructions conformes aux circulaires ci-jointes et aux explications qui
« précèdent.

« Afin de mettre un terme à des difficultés que m'a récemment si-
« gnalées M. le préfet maritime de Brest, et qui ont donné lieu à une
« correspondance entre M. le commissaire général de la marine en ce
« port et le receveur de l'enregistrement, je vous prie, en outre, de
« prescrire également à ces fonctionnaires de faire l'avance des frais
« de justice résultant de la procédure devant les tribunaux maritimes
« établis par le décret impérial du 12 novembre 1806, et auxquels un
« décret du 26 mars 1852, inséré au *Bulletin des lois*, x° série, bulle-
« tin n° 519, n° 3956, a rendu leur ancienne compétence.

« Dans le cas où la dépêche que j'ai eu l'honneur de vous écrire le
« 27 juillet dernier, au sujet du recouvrement du produit d'amendes
« et de saisies attribué à la caisse des invalides de la marine par les
« décrets des 9 janvier, 2, 19, 20, 24 et 28 mars 1852, et la présente
« communication détermineraient l'administration générale de l'enre-
« gistrement et des domaines à substituer une nouvelle instruction à
« celle du 28 mars 1840, concertée entre nos deux départements, je
« vous serai obligé de m'en donner connaissance en projet.

« Agréez, Monsieur le Ministre et cher collègue, l'assurance de ma
« haute considération.

« Signé Th. DUCOS. »

§ 4 de la circu-
laire.
**44.** Une expédition du jugement est adressée au ministre
de la marine.

« Les pièces de la procédure instruite devant les tribunaux mari-
« times commerciaux formés dans les colonies françaises, dans les
« consulats et à bord des bâtiments de l'État, seront dressées en
« double expédition, dont une devra être transmise au ministre avec
« les jugements. (*Circulaire du 21 octobre 1853.* — *Bulletin officiel*,
page 755.)

§§ 51, 53 et 54
du rapport.
**45.** Les jugements des tribunaux maritimes commerciaux
ne sont sujets à aucun recours en révision ni en cassation.

Toutefois, le ministre de la marine pourra, dans les cas
prévus par l'article 441 du Code d'instruction criminelle,
transmettre au ministre de la justice, pour être déférés à la
cour de cassation, dans l'intérêt de la loi, les jugements des
tribunaux maritimes commerciaux qui seraient susceptibles
d'être annulés pour violation des articles 12 à 20, 29, 30,
31 et 35 du présent décret.

*Arrêt rendu par la Cour de cassation le 10 janvier 1857* (Bulletin officiel, *page 169*).

Réquisitoire dans l'intérêt de la loi et du condamné. — Tribunal maritime commercial. — Incompétence. — Excès de pouvoir.

*1° Le pouvoir conféré à M. le garde des sceaux, ministre de la justice, par l'article 441 du Code d'instruction criminelle, de déférer, tant dans l'intérêt de la loi que dans l'intérêt du condamné, toute décision contraire à la loi, est un pouvoir d'ordre public général et absolu, qui domine toute disposition spéciale. Et, particulièrement, ce pouvoir n'est pas limité par l'article 45 du décret du 24 mars 1852, sur la marine marchande, quoique cet article n'autorise le pourvoi en cassation, provoqué par le ministre de la marine, que pour violation des articles 12 à 20, 29, 30, 31 et 35 de ce décret.*

*En conséquence, le pourvoi en cassation, formé de l'ordre du ministre de la justice, dans l'intérêt de la loi et du condamné, pour incompétence, excès de pouvoir et violation des articles 9, 22, 34 et 93 du décret précité, contre la décision du tribunal maritime commercial, est recevable.*

*2° Le tribunal maritime commercial, créé par le décret du 24 mars 1852, pour réprimer les fautes de discipline et les délits qu'il détermine, dans lesquels sont compris les vols d'objets d'une valeur moindre de 10 francs, commis à bord, est incompétent pour connaître des crimes qui, aux termes de l'article 22, doivent être déférés à la justice. Dès lors il n'a pu, sans excès de pouvoir et sans violer les règles de la compétence ordinaire, prononcer la peine de la reclusion contre l'individu reconnu coupable de vol d'un objet d'une valeur excédant 10 francs, qualifié crime par ledit décret.*

*Cassation, dans l'intérêt de la loi et du condamné, sur le réquisitoire présenté à la cour par M. le procureur général impérial près la cour de cassation, de l'ordre de M. le garde des sceaux, ministre de la justice, de la décision du tribunal maritime commercial du navire l'Oise, qui a condamné le nommé Kernoblanch, novice, à cinq années de reclusion, pour vol d'un objet d'une valeur excédant 10 francs.*

### ARRÊT.

#### (Audience du 10 janvier 1857.)

NAPOLÉON, par la grâce de Dieu et la volonté nationale, EMPEREUR DES FRANÇAIS, à tous présents et à venir, SALUT.

La cour de cassation a rendu l'arrêt suivant sur le réquisitoire dont suit la teneur :

#### COUR DE CASSATION.

##### CHAMBRE CRIMINELLE.

Le procureur général impérial près la cour de cassation expose qu'il est chargé par S. Exc. le garde des sceaux, ministre de la

justice, de requérir, conformément à l'article 441 du Code d'instruction criminelle, l'annulation, tant dans l'intérêt de la loi que dans
celui du condamné, d'un jugement par lequel le tribunal maritime
commercial réuni à bord de la corvette de charge *l'Oise*, en station
au Sénégal, a condamné, le 21 juin dernier, le nommé Kernoblanch,
novice, embarqué sur le navire *la Jeune-Ida*, du Havre, à la peine
de *cinq années de reclusion*, pour avoir *volé à bord* des effets dont la
*valeur excédait dix francs.*

Le tribunal maritime commercial de *l'Oise*, en retenant le jugement de cette affaire, et en prononçant une peine afflictive et infamante, a violé les règles de sa compétence et commis un excès de
pouvoir.

L'incompétence et l'excès de pouvoir résultent ici formellement
des articles 9, 22 et 93 combinés du décret du 24 mars 1852 sur
la marine marchande; voici le texte de ces dispositions :

« ARTICLE 9. Il est institué des tribunaux maritimes commerciaux.
« Ces tribunaux connaissent *des délits maritimes* prévus par le présent
« décret.

« ARTICLE 22. Les tribunaux ordinaires connaissent *des crimes mari-
« times* prévus par le présent décret. »

L'article 93, qui appartient à la section intitulée : *des crimes* (1),
porte : « Les vols *commis à bord* de tout navire par les capitaines, offi-
« ciers, subrécargues ou passagers, sont punis de la reclusion. La
« même peine est prononcée contre les officiers-mariniers, marins,
« novices et mousses, *quand la valeur de l'objet excède dix francs*, ou
« quand le vol a été commis avec effraction. »

Le jugement du tribunal maritime commercial de *l'Oise* constate
en termes formels que le vol reproché au novice Kernoblanch avait
été commis à bord et qu'il s'appliquait à des effets dont *la valeur excédait dix francs.*

Ce vol constituait donc un crime punissable de la peine de la reclusion, et réservé à la juridiction ordinaire du jury. En en retenant
la connaissance et en prononçant une peine autre que les peines correctionnelles déterminées par l'article 55 du décret du 24 mars 1852,
le tribunal maritime commercial a violé les règles de compétence
établies par ce décret et commis un excès de pouvoir.

S'il était besoin d'ajouter quelque chose au texte si clair de la loi,
le rapport dont cette loi a été précédée ne laisserait aucun doute sur
la distinction qu'elle a créée et sur les limites qu'elle a entendu poser.

« Pour concilier, est-il dit dans ce rapport, les exigences du droit
« commun avec les nécessités auxquelles il fallait impérieusement

(1) Titre III, chapitre 11.

« pourvoir, le décret a laissé à *la justice ordinaire* son action dans un
« grand nombre de cas, et notamment dans ceux qui sont de nature
« à entraîner l'application de peines afflictives et infamantes. »

M. le garde des sceaux et M. le ministre de la marine ont été au
devant d'une objection qui nécessite quelques explications.

L'article 45 du décret précité est ainsi conçu : « Les jugements des
« tribunaux maritimes commerciaux ne sont sujets à aucun recours
« en révision ni en cassation. Toutefois, le ministre de la marine
« pourra, dans les cas prévus par l'article 441 du Code d'instruction
« criminelle, transmettre au ministre de la justice pour être déférés à
« la cour de cassation, *dans l'intérêt de la loi*, les jugements des tribu-
« naux maritimes commerciaux qui seraient susceptibles d'être annu-
« lés pour violation des articles *12 à 20, 29, 30, 31 et 35* du présent
« décret.

Les articles auxquels le jugement dont il s'agit a contrevenu ne
faisant pas partie de ceux rappelés par la disposition qui vient d'être
citée, on pourrait être porté à en conclure que ce jugement ne serait
pas du nombre de ceux que le ministre a le droit de déférer à la cour
de cassation, dans l'intérêt de la loi.

Mais, ainsi que le fait remarquer la lettre de M. le garde des sceaux,
il est facile de voir, en décomposant l'exception expressément admise
par l'article 45, que les cas énumérés par ces articles se réfèrent tous
exclusivement à des décisions rendues par les tribunaux maritimes
dans les limites de leur compétence. C'est ainsi que les articles 12 à
20 sont relatifs à la composition du tribunal; les articles 29, 30,
31 et 35 règlent la prestation de serment de ses membres, la publicité des séances, les droits de la défense et le mode de délibération
des juges. Quelque limitée que puisse être cette énumération dans
l'ordre d'idées qu'elle embrasse, elle ne saurait exercer aucune influence sur les cas où le tribunal maritime commercial a excédé ses
pouvoirs et méconnu la compétence qui lui est attribuée; car alors,
au-dessus des conditions spéciales de pourvoi, déterminées par le
décret du 24 mars 1852, se placent et demeurent nécessairement
réservés les principes généraux qui protégent l'ordre des juridictions
et le droit absolu que le ministre de la justice tient de l'article 441
du Code d'instruction criminelle. C'est en vertu de ces grands et inal-
térables principes d'ordre public, que, nonobstant la disposition de
l'article 77 de la loi du 27 ventôse an VIII, qui n'admet, en aucun
cas, de la part des militaires, le recours en cassation contre les jugements des tribunaux militaires, la cour a consacré, par sa jurisprudence, la recevabilité des demandes d'annulation formées de l'ordre
du ministre de la justice, dans les termes de l'article 441 du Code
d'instruction criminelle, à l'égard des jugements de condamnation

prononcés contre des militaires de l'armée de terre ou de mer (1).

En conséquence, et par ces considérations :

Vu la lettre de S. Exc. le garde des sceaux, en date du 2 octobre 1856, les articles 9, 22, 38, 45 et 93 du décret du 24 mars 1852, l'article 441 du Code d'instruction criminelle et toutes les pièces du dossier;

Le procureur général impérial requiert pour l'Empereur, qu'il plaise à la cour casser et annuler, tant dans l'intérêt de la loi que dans l'intérêt du condamné, le jugement dénoncé; et, pour être fait droit, renvoyer l'accusé et les pièces du procès devant la juridiction compétente;

Ordonner que la décision à intervenir sera imprimée et transcrite sur les registres du tribunal maritime commercial de la corvette de charge l'*Oise*.

Fait au parquet, le 26 décembre 1856.

Signé E. de ROYER.

Ouï M. Victor Foucher, conseiller, en son rapport;

Ouï M. le procureur général en ses conclusions;

Sur la fin de non-recevoir opposée au pourvoi;

Vu l'article 441 du Code d'instruction criminelle et l'article 45 du décret du 24 mars 1852;

Attendu que l'article 45 du décret du 24 mars 1852 a seulement pour objet de déterminer les cas dans lesquels le ministre de la justice est tenu de déférer à la cour de cassation, pour être annulés, dans l'intérêt de la loi, les jugements des tribunaux maritimes commerciaux qui lui sont dénoncés par le ministre de la marine;

Mais, attendu que la faculté accordée par cet article au ministre de la marine ne saurait porter atteinte au droit général et absolu que le garde des sceaux, ministre de la justice, tient de l'article 441 du Code d'instruction criminelle, de dénoncer à la section criminelle de la cour de cassation, par l'intermédiaire du procureur général en la cour, les actes judiciaires, arrêts ou jugements contraires à la loi, afin de les faire annuler, soit dans l'intérêt de la loi, soit même dans celui des condamnés;

Attendu que, dans l'espèce, la cour est saisie par un réquisitoire du procureur général, pris de l'ordre formel du ministre de la justice, en vertu de l'article 441 du Code d'instruction criminelle, et qui dénonce le jugement attaqué pour être cassé et annulé, tant dans l'intérêt de la loi que dans celui du condamné;

(1) Voyez notamment les arrêts des 25 mars 1836 (Renaux); 7 décembre 1837 (De Lorroy); 13 novembre 1852 (Bucaille); 21 janvier 1854 (Ghieur); 22 avril 1854 (Gervais); 24 juin 1854 (Naninck), etc.

Attendu, dès lors, que le pourvoi du procureur général en la cour est recevable;

Au fond :

Vu les articles 2, 9, 55, 56 et 93 du décret du 24 mars 1852;

Attendu qu'il résulte des termes des articles 2 et 9 de ce décret, que les tribunaux maritimes commerciaux n'ont compétence que pour statuer sur les infractions à cette loi qualifiées délits, et punies des peines correctionnelles portées en l'article 55 de ce même décret;

Attendu que l'article 22 réserve d'une manière expresse aux tribunaux ordinaires la connaissance des crimes maritimes prévus par le décret;

Attendu que Kernoblanch, novice à bord du navire *la Jeune-Ida*, du Havre, était traduit devant le tribunal maritime commercial réuni sur la corvette de charge *l'Oise*, pour avoir volé à son bord des effets dont la valeur excédait dix francs, et a été condamné pour ce fait, par le jugement attaqué, à cinq années de reclusion, en vertu des dispositions de l'article 93 du décret;

Attendu qu'en statuant sur une infraction qualifiée crime et en appliquant à ce fait la peine de la reclusion, le tribunal maritime commercial a tout à la fois violé les règles de sa compétence et commis un excès de pouvoir;

Par ces motifs, la Cour casse et annule le jugement rendu le vingt-un juin mil huit cent cinquante-six, par le tribunal maritime commercial réuni à bord de la corvette de charge *l'Oise*, et renvoie Kernoblanch, dans l'état où il se trouve, ainsi que les pièces de la procédure, devant la chambre des mises en accusation de la cour impériale de Rouen, pour être statué, tant sur cette procédure que sur tout supplément d'information, s'il y a lieu, ce qu'il appartiendra;

Ordonne qu'à la diligence du procureur général en la cour, le présent arrêt sera imprimé et transcrit en marge de la décision annulée.

Ainsi jugé et prononcé en audience publique, par la Cour de cassation, chambre criminelle, le 10 janvier 1857.

46. La procédure devant les tribunaux maritimes commerciaux ne donne lieu à la perception d'aucuns frais ni d'aucune taxe quelconques.

« La procédure devant les tribunaux maritimes commerciaux ne
« donnant lieu à la perception d'aucuns frais ni d'aucune taxe, les ci-
« tations et actes de procédure qu'il pourrait y avoir lieu de faire en
« vertu du décret doivent être exemptés du timbre et enregistrés gra-
« tis. » (*Dépêche du 17 décembre 1852, n° 4218.*)

8

Voir la circulaire relatée à la suite de l'article 43.

47. Le greffier mentionne au bas du jugement si la sentence a ou non reçu son exécution. Le capitaine fait transcrire le jugement sur le livre de punitions, auquel il reste annexé pour être remis au commissaire de l'inscription maritime du port de désarmement. La transcripsion ainsi faite est certifiée par le greffier.

48. Le capitaine, maître ou patron qui aura négligé de se conformer aux prescriptions des chapitres ı et ıı du titre II sera puni d'une amende de 25 à 300 francs.

Voir les circulaires reproduites à la suite des articles 24, 25 et 26.

### Dépêche du 31 juillet 1855, n° 2586.

« Monsieur le préfet, vous m'avez consulté sur la question de savoir « si la peine édictée par l'article 48 du décret-loi du 24 mars 1852 « contre tout capitaine, maître ou patron qui, ayant eu à constater un « délit ou un crime commis à son bord, aurait négligé de se confor- « mer aux prescriptions des articles 1 et 2 du titre II de cet acte, doit « être infligée par décision ministérielle, appliquée par le commissaire « de l'inscription maritime en vertu des pouvoirs disciplinaires qui lui « sont conférés, ou prononcée par jugement du tribunal maritime « commercial.

« Cette peine consistant en une amende ne peut être prononcée que « par un tribunal maritime commercial. »

## CHAPITRE III.

#### DE LA FORME DE PROCÉDER EN MATIÈRE DE CRIMES MARITIMES.

§ 50 du rapport. 49. Aussitôt qu'un crime a été commis à bord d'un navire, le capitaine, maître ou patron se conforme, pour constater les faits et pour procéder à l'instruction, aux articles 24 et 25 ci-dessus.

Il saisit, en outre, les pièces de conviction et fait arrêter le prévenu.

50. Immédiatement après son arrivée dans un port ou sur une rade de France ou d'une colonie française, le capitaine, maître ou patron remet le prévenu et les pièces du procès au commissaire de l'inscription maritime du lieu.

Ce fonctionnaire complète au besoin l'instruction, transmet les pièces dans les vingt-quatre heures au procureur de la République de l'arrondissement, et pourvoit au transport du prévenu devant l'autorité judiciaire.

51. Si le navire aborde dans un port étranger, le capitaine, maître ou patron remplit envers le consul français les dispositions prescrites par le premier paragraphe de l'article précédent.

Le consul complète, au besoin, l'instruction dans le plus bref délai possible, et, s'il le juge nécessaire, fait débarquer le prévenu pour l'envoyer au port d'armement avec les pièces du procès.

A défaut du consul, le capitaine, maître ou patron agit de la même manière à l'égard du commandant du bâtiment de l'État présent sur les lieux. Celui-ci procède comme l'eût fait le consul.

## TITRE III.

### DE LA PÉNALITÉ.

### CHAPITRE PREMIER.

#### DES PEINES.

52. Les peines applicables aux fautes de discipline sont : § 5 de la circulaire.

#### Pour les hommes de l'équipage.

1° La consigne à bord pendant huit jours au plus ;

2° Le retranchement de la ration de boisson fermentée pour trois jours au plus ;

3° La vigie sur les barres de perroquet, dans la hune,

8.

sur une vergue ou au bossoir pendant une demi-heure au moins et quatre heures au plus;

4° La retenue de un à trente jours de solde, si l'équipage est engagé au mois, ou de 2 à 50 francs, s'il est engagé à la part;

5° La prison pendant huit jours au plus;

6° L'amarrage à un bas mât sur le pont, dans l'entre-pont ou dans la cale, pendant un jour au moins et trois jours au plus, à raison d'une heure au moins et de quatre heures au plus par jour;

7° La boucle aux pieds pendant cinq jours au plus;

8° Le cachot pendant cinq jours au plus.

La boucle et le cachot peuvent être accompagnés du retranchement de la ration de boisson fermentée ou même de la mise au pain et à l'eau.

S'il s'agit d'un homme dangereux ou en prévention de crime, la peine de la boucle ou du cachot peut être prolongée aussi longtemps que la nécessité l'exige; mais, dans ce cas, il n'y a lieu qu'au retranchement de boisson fermentée.

### Pour les officiers.

1° La retenue de dix à quarante jours de solde, s'ils sont engagés au mois, ou de 20 à 150 francs, s'ils sont engagés à la part;

2° Les arrêts simples pendant quinze jours au plus avec continuation de service;

3° Les arrêts forcés dans la chambre pendant dix jours au plus;

4° La suspension temporaire des fonctions, avec exclusion de la table du capitaine et suppression de solde;

5° La déchéance de l'emploi d'officier, avec obligation de faire le service de matelot à la paye de ce grade jusqu'à l'époque du débarquement.

### Pour les passagers de chambre.

1° L'exclusion de la table du capitaine;

2° Les arrêts dans la chambre.

Pour les passagers d'entre-pont.

La privation de monter sur le pont pendant plus de deux heures chaque jour.

Ces peines ne pourront être appliquées pendant plus de huit jours consécutifs.

Se référer aux articles : 5, qui constitue le droit qu'a le capitaine de connaître des fautes de discipline et de prononcer les peines qu'elles comportent ; 7, aux termes duquel il doit rendre compte, dans le plus bref délai possible, des peines par lui prononcées aux autorités énoncées en l'article 5 ; et 53, qui indique celles des peines que peut infliger le capitaine.

53. Les peines que peut infliger le capitaine, maître ou patron, aux termes de l'article 7 du présent décret, sont : §36 du rapport

1° La consigne pendant huit jours ;

2° Le retranchement de boisson fermentée pour trois repas ;

3° La vigie pour une heure ou la boucle pour un jour.

Si, dans l'exercice de ce pouvoir disciplinaire, un capitaine était convaincu d'abus, il serait puni conformément aux dispositions de l'article 79. (*Circulaire d'envoi du décret. — 27 mars 1852, § 5.*)

54. Les officiers et les passagers de chambre ou d'entre-pont qui, condamnés à une peine disciplinaire, refuseront de s'y soumettre, pourront être mis aux arrêts forcés pendant dix jours au plus.

Ces peines pourront être prolongées autant que la nécessité l'exigera, s'il s'agit d'un homme dangereux ou en prévention de crime.

55. Les peines correctionnelles applicables aux délits sont :

1° L'amende de 16 à 300 francs ;

2° La boucle pendant vingt jours au plus, avec ou sans

retenue d'une partie de la solde qui ne pourra en excéder la moitié;

§ 59 du rapport.

3° L'embarquement sur un bâtiment de l'État, à moitié solde de leur grade pour les officiers-mariniers, ou à deux tiers de solde pour les quartiers-maîtres et les matelots.

§ 12 de la circulaire.

La durée de cet embarquement correctionnel ne comptera ni pour l'avancement ni pour les examens de capitaine du commerce;

4° La perte ou la suspension de la faculté de commander;

5° L'emprisonnement pendant six jours au moins et cinq ans au plus.

Les tribunaux maritimes commerciaux peuvent-ils, en condamnant un marin à servir sur un bâtiment de l'État, l'exempter de la réduction de solde?

Décidé négativement par *dépêche du 27 juillet 1852, n° 2566.* C'est en effet dans cette réduction que réside la pénalité.

Le législateur s'est abstenu d'établir dans le décret une gradation de peines, parce qu'il convenait de laisser « aux tribunaux maritimes « commerciaux, mieux placés pour apprécier les circonstances si va- « riées d'un délit, le soin de proportionner la punition au degré de « culpabilité du prévenu. » (*Dépêche du 19 novembre 1852, n° 3884.*)

« Tel fait (dit la *même dépêche*) qui, à bord d'un bâtiment de « long cours ou au grand cabotage, exige une répression sévère, perd « à bord d'un bateau de pêche ou d'une gabare naviguant au bornage « ce caractère de gravité, et, par suite, n'appelle plus dans la puni- « tion la même rigueur. L'âge du délinquant, ses antécédents, l'im- « portance du bâtiment, la navigation à laquelle il est affecté, le « grade du capitaine, telles sont les choses dont il faut tenir compte « lors de l'application des peines. » (Voir *dépêche du 8 mai 1855,* page 427.)

*Dépêche du 21 décembre 1852, n° 4260.*

Dans le cas de condamnation à un embarquement correctionnel, le tribunal doit tenir compte, pour le prononcé de la peine, du grade réel de l'accusé, de son grade au service, et non du grade conventionnel qu'il a à bord du navire sur lequel il est embarqué.

Le ministre a donné, par une *circulaire du 16 octobre 1857* (*Bulletin officiel,* page 826), les instructions suivantes au sujet des jugements rendus par les tribunaux maritimes commerciaux et prononçant la peine de l'embarquement à solde réduite sur un bâtiment de l'État contre des marins indignes ou incapables d'être admis au service de la flotte :

« Messieurs, il arrive souvent que les tribunaux maritimes com-
« merciaux prononcent la peine de l'embarquement à solde réduite sur
« un bâtiment de l'État contre des marins que leurs antécédents judi-
« ciaires, leur âge ou leurs infirmités rendent indignes ou incapables
« d'être admis au service de la flotte.

« Les juges doivent cependant se préoccuper toujours, comme l'a
« recommandé l'un des derniers paragraphes du rapport de présenta-
« tion du décret-loi du 24 mars 1852 à la signature du chef de l'État,
« de ne prononcer que des condamnations qui puissent être suivies
« d'exécution.

« C'est surtout aux peines essentiellement maritimes comme la
« boucle ou l'embarquement correctionnel sur un bâtiment de l'État
« que cette recommandation a trait, et il est d'autant plus facile aux
« tribunaux maritimes commerciaux d'en tenir compte, qu'il n'est pas
« dans le décret disciplinaire et pénal pour la marine marchande un
« seul délit auquel les peines de la boucle ou l'embarquement à solde
« réduite s'appliquent exclusivement.

« La désertion même que les articles 65, 66, 67 et 68 du décret-
« loi punissent à la fois de l'emprisonnement et de la campagne cor-
« rectionnelle peut être punie de toute autre peine choisie dans l'ar-
« ticle 55, quand l'accusé se trouve être un homme indigne ou
« incapable d'être admis au service.

« C'est pour ce motif que la désertion, bien que définie dans les
« articles précités, figure au § 12, parmi les délits maritimes énu-
« mérés dans l'article 60, dont l'article 55 contient la sanction pé-
« nale.

« Il est vrai que les tribunaux maritimes commerciaux ne sont pas
« toujours suffisamment édifiés sur les antécédents de l'accusé. Ils ne
« peuvent, en effet, recourir qu'à l'extrait du rôle d'équipage qui doit
« être annexé à la plainte ; or, cet extrait indique bien l'âge du pré-
« venu, fait connaître s'il est impropre au service, mais il ne men-
« tionne pas les précédents judiciaires.

« Mais lorsqu'ils sont pourvus de tous les éléments d'appréciation,
« les juges éviteront tout naturellement de prononcer la peine de l'em-
« barquement correctionnel chaque fois qu'ils auront la certitude
« qu'elle ne pourra pas être appliquée.

« Il y a quatre catégories d'individus à l'égard desquelles cette peine
« est illusoire ou inapplicable. Ce sont les hommes qui, ayant été
« condamnés antérieurement à des peines afflictives ou infamantes, se
« trouvent exclus du service militaire, et ne peuvent à aucun titre

« servir dans l'armée, aux termes de l'article 2 de la loi du 21 mars
« 1832 ; — ceux dont les antécédents judiciaires, sans les placer sous le
« coup de cette exclusion absolue, sont cependant assez fâcheux pour
« qu'il y ait de graves inconvénients, au point de vue de la discipline,
« à les faire entrer dans la composition d'un équipage ; — ceux qui ont
« été bien et dûment reconnus impropres au service de la flotte, — et
« enfin les marins cinquantenaires.

« S'il arrivait, contre toute attente, qu'un tribunal maritime com-
« mercial condamnât à l'embarquement à solde réduite sur un bâti-
« ment de l'État un homme placé dans l'une de ces catégories, vous
« devriez m'en prévenir *sur-le-champ* et me transmettre, avec une expé-
« dition du jugement, toutes les informations qui avaient été portées
« à la connaissance du tribunal ; il serait d'ailleurs sursis à l'envoi du
« marin condamné dans un port militaire jusqu'à réception de mes
« ordres. »

La *circulaire du 27 mai 1853* (*Bulletin officiel*, page 462) porte les
instructions suivantes en ce qui touche les retenues qui peuvent être
opérées sur la solde des marins :

« 1° Les réductions de paye prononcées en vertu des décrets des
« 24, 26 et 28 mars 1852, seront opérées proportionnellement sur la
« solde de l'homme dans les différentes positions de présence ou d'ab-
« sence.

« 2° Les sommes provenant de ces réductions seront versées dans
« la caisse des invalides de la marine.

« 3° Les officiers-mariniers et marins sur la solde desquels des re-
« tenues auront été ordonnées seront maintenus sur les rôles et con-
« trôles dans leur classe et dans leur grade, et leurs décomptes seront
« établis d'après les allocations attribuées par les tarifs à ces mêmes
« grades ou classes.

« 4° La retenue pour habillement, déterminée par l'article 87 de
« l'ordonnance du 11 octobre 1836, continuera à être prélevée sur
« la solde des marins réduits de paye, et les à-compte à leur payer
« pour denier de poche, dans le cas où une délégation aurait été
« consentie, ne devront pas excéder, pendant la durée de la réduc-
« tion, l'allocation journalière de 20 centimes pour les officiers-mari-
« niers, et celle de 10 centimes pour les quartiers-maîtres et les mate-
« lots, non compris les suppléments de fonctions qui pourraient leur
« avoir été laissés.

« 5° Pendant la durée de la réduction, la quotité des délégations
« ne dépassera pas la somme restée libre sur la solde réduite, après
« prélèvement de la retenue pour habillement et des allocations pour
« denier de poche ci-dessus déterminées.

« 6° Aux époques de régularisation, en fin d'exercice ou de cam-

« pagne, la portion de solde frappée de retenue sera mandatée au
« profit de la caisse des invalides de la marine et portée au débet de
« l'homme sur les rôles et contrôles. Le montant des sommes ainsi
« mandatées figurera, à titre de payements faits, dans le débit des
« revues générales de liquidation.

« 7° En cas de débet envers l'État pour avances et apostilles quel-
« conques au moment de l'établissement du décompte, le montant en
« sera précompté sur la part revenant à l'homme, et, en cas d'insuf-
« fisance, sur celle qui est attribuée à la caisse des invalides de la
« marine, ainsi que cela se pratique à l'égard des marins déserteurs. »

### Circulaire du 5 août 1854 (Bulletin officiel, *page* 227).

« L'embarquement correctionnel à solde réduite sur un bâtiment
« de l'État ne pourra, dans aucun cas, excéder une durée de trois
« ans. »

Voici cette circulaire, qu'il importe de lire pour bien saisir le
caractère de l'embarquement correctionnel sur un bâtiment de
l'État considéré comme peine applicable aux auteurs de certains délits :

« Messieurs, l'article 55 du décret-loi disciplinaire et pénal pour
« la marine marchande, du 24 mars 1852, place au nombre des
« peines correctionnelles applicables aux délits maritimes l'embarque-
« ment sur un bâtiment de l'État, à moitié solde de leur grade pour
« les officiers-mariniers, ou à deux tiers de solde pour les quartiers-
« maîtres et les matelots.

« La durée de cet embarquement correctionnel n'est pas déterminée
« par ledit article.

« De là des doutes, des hésitations, qui ont amené quelques tri-
« bunaux maritimes commerciaux, incertains sur l'étendue des limites
« dans lesquelles peut s'exercer la latitude que leur a laissée la loi, à
« s'abstenir d'énoncer dans leur jugement la durée de la campagne
« extraordinaire qu'ils infligeaient aux accusés.

« Ces omissions ont eu pour effet, vous le comprendrez, de mettre
« obstacle à l'exécution des jugements

« D'autres tribunaux maritimes commerciaux ont préféré, pour
« éviter tout embarras, j'ai du moins cru m'en apercevoir par l'exa-
« men des jugements rendus, appliquer aux délits poursuivis l'une
« des autres pénalités écrites dans l'article 55.

« Il convient donc, pour prévenir le retour de semblables diver-
« gences et résoudre, en même temps, les questions que m'ont adres-
« sées à ce sujet des officiers appelés à la présidence de tribunaux
« maritimes commerciaux, de poser des bornes à l'application de la
« peine d'embarquement extraordinaire à solde réduite sur un bâti-
« ment de la marine impériale.

9

« Il faut d'abord considérer que cette peine n'en est pas une à
« proprement parler, ainsi que l'a fait observer le rapport qui pré-
« cède le décret-loi; que le châtiment consiste surtout dans la réduc-
« tion de la solde, et qu'enfin le but principal du législateur a été de
« placer, pendant un certain temps, le marin indocile sous le joug
« de la discipline dont le bâtiment de guerre est la meilleure école.

« Or, il m'a semblé que si ce but ne pouvait être atteint en trois
« années, période de service ordinairement exigée des inscrits aux
« termes de la circulaire du 7 janvier 1833, il deviendrait inutile de
« le poursuivre davantage, et il ne resterait plus qu'à regretter d'a-
« voir appliqué une peine que de trop mauvais instincts auraient
« rendue inefficace.

« Ce maximum de trois années paraîtra d'ailleurs suffisant si l'on
« remarque qu'il n'est point dépassé par les articles 65, 66, 67 et
« 68, les seuls, avec l'article 55, dans lesquels soit écrite la peine
« de l'embarquement à solde réduite, bien que les délits qu'ils pré-
« voient, punis, il est vrai, d'une peine complémentaire, soient géné-
« ralement plus graves que ceux qui sont définis par l'article 60.

« J'hésite d'autant moins à interpréter ainsi le silence de la loi
« que, dans le cas de délits très-graves exigeant une répression éner-
« gique, les tribunaux maritimes commerciaux seront toujours ar-
« més de la peine de six jours à cinq ans d'emprisonnement édictée
« par le § numéroté 5 de l'article 55, peine qu'il est même préférable
« d'appliquer en pareille circonstance, afin de ne point introduire
« dans les équipages, par l'exagération du principe qui a fait mettre,
« au nombre des moyens de punition, l'embarquement sur les bâti-
« ments de l'État, des éléments funestes au bon ordre et au maintien
« de la discipline.

« Le maximum de la peine de l'embarquement à solde réduite me
« paraît donc devoir être fixé à trois ans; mais je crois inutile d'indi-
« quer un minimum, attendu que la fin proposée étant de discipliner
« le marin, on arrivera, s'il est possible, à ce résultat, quelque courte
« que soit la durée de sa condamnation, puisqu'à l'expiration de sa
« peine il sera maintenu au service, mais alors avec sa solde intégrale,
« jusqu'à parfait payement des effets qui lui auront été délivrés lors
« de son embarquement.

« Or ce payement, qui s'effectue en un an environ, lorsque les
« retenues sont exercées sur la solde entière, demandera nécessaire-
« ment plus de temps, la solde ayant été réduite pendant une durée
« déterminée au profit de la caisse des invalides de la marine. »

*Circulaire du 20 octobre 1854* (Bulletin officiel, *page 644*).

Les commandants des bâtiments de l'État n'ont pas le droit de réintégrer dans leur paye les marins condamnés à une réduction de solde par les tribunaux maritimes commerciaux. Ils ne peuvent que soumettre au ministre des propositions de grâce en faveur des hommes qui mériteraient d'être recommandés à la clémence de l'Empereur.

56. Les peines en matière criminelle sont les mêmes que celles qui sont énoncées dans les lois ordinaires, sauf les cas prévus par le présent décret.

57. Sont compris sous la dénomination d'officiers :

Le capitaine, maître ou patron;

Le second;

Le lieutenant.

Le subrécargue et le chirurgien sont assimilés aux officiers pour l'application des peines seulement.

## CHAPITRE II.

### DES INFRACTIONS ET DE LEUR PUNITION.

----

### SECTION PREMIÈRE.

#### DES FAUTES DE DISCIPLINE.

58. Sont considérées comme fautes de discipline :

1° La désobéissance simple;

2° La négligence à prendre son poste, ou à s'acquitter d'un travail relatif au service du bord;

3° Le manque au quart, ou le défaut de vigilance pendant le quart;

4° L'ivresse sans désordre;                    § 72 du rapport.

5° Les querelles ou disputes sans voies de fait, entre les hommes de l'équipage ou les passagers;

6° L'absence du bord saus permission, quand elle n'excède pas trois jours ;

7° Le séjour illégal à terre, moins de trois jours après l'expiration d'un congé ;

8° Le manque de respect aux supérieurs ;

9° Le fait d'avoir allumé une première fois des feux sans permission, ou d'avoir circulé dans des lieux où cela est interdit à bord, avec des feux, une pipe ou un cigare allumés ;

10° Le fait de s'être endormi une première fois, étant à la barre, en vigie ou au bossoir ;

11° Enfin, et généralement, tous les faits de négligence ou de paresse qui ne constituent qu'une faute légère ou un simple manquement à l'ordre ou au service du navire, ou aux obligations stipulées dans l'acte d'engagement.

Ces fautes seront punies de l'une des peines spécifiées à l'article 52, au choix des autorités désignées par l'article 5 du présent décret.

§ 13 de la circulaire.

Seront également considérées comme fautes de discipline les infractions au décret du 9 janvier 1852 (1) et des règlements sur la pêche côtière, qu'en raison de leur peu de gravité les commissaires de l'inscription maritime ne croiront pas devoir déférer aux poursuites du ministère public.

Ces officiers d'administration prononceront dans ce cas, contre les délinquants, un emprisonnement ou une interdiction de pêche d'un à cinq jours.

L'appréciation des motifs qui peuvent s'opposer à ce que le contrevenant soit déféré aux poursuites du ministère public n'appartient qu'aux commissaires de l'inscription maritime et non aux capitaines des bâtiments garde-pêche. (*Dépêche du 25 juillet 1854, n° 2603.*)

§ 8°. *Le manque de respect aux supérieurs.* — Le mécanicien en chef d'un navire à vapeur doit-il être considéré comme le supérieur hiérarchique des hommes de l'équipage ?

(1) *Bulletin officiel* de 1852, 1er semestre, p. 44.

Résolu affirmativement par *dépêche du 1er février 1853, n° 302*, dans laquelle le ministre s'exprime ainsi à ce sujet :

« Les individus chargés de la conduite de la machine à bord des « bâtiments à vapeur sont incontestablement au-dessus des matelots « chauffeurs et autres hommes de l'équipage. L'ordonnance du 28 no-« vembre 1845 (1), portant organisation des compagnies de mécani-« ciens et d'ouvriers chauffeurs pour le service des bâtiments à vapeur « de la marine militaire, a formellement statué en ce sens par ses ar-« ticles 4 et 53.

« Partant de ce précédent et statuant par analogie, je n'hésite pas « à considérer le mécanicien en chef d'un bâtiment du commerce « comme l'égal du maître d'équipage. Conséquemment, les dispositions « du décret du 24 mars 1852, destinées à punir les manquements aux « supérieurs, doivent être appliquées aux fautes et délits commis en-« vers ce mécanicien. »

59. Les marins qui, pendant la durée de la peine de la prison, de la boucle ou du cachot, prononcée en matière de discipline, sont remplacés dans le service à bord du navire auquel ils appartiennent, supportent, au moyen d'une retenue sur leurs gages, les frais de ce remplacement.

*Dépêche du 2 octobre 1857, n° 2778.*

Le seul moyen d'assurer cette retenue est d'apostiller le montant de la somme due sur le rôle d'équipage à l'article de l'homme condamné et remplacé. L'autorité maritime, coloniale ou consulaire doit donc faire cette apostille.

## SECTION II.

### DES DÉLITS MARITIMES.

60. Les délits maritimes sont :

§ 62 du rapport.

1° Les fautes de discipline réitérées ;

2° La désobéissance, accompagnée d'un refus formel d'obéir ;

(1) *Annales maritimes* de 1846, partie officielle, p. 1.

§§ 63 et 6 du rapport.

3° La désobéissance avec injures ou menaces ;

4° Les rixes ou voies de fait entre les hommes de l'équipage, lorsqu'elles ne donnent pas lieu à une maladie ou à une incapacité de travail de plus de trente jours ;

§ 72 du rapport.

5° L'ivresse avec désordre ;

6° L'emploi, sans autorisation, d'une embarcation du navire ;

7° La dégradation d'objets à l'usage du bord ;

8° L'altération des vivres ou marchandises par le mélange de substances non malfaisantes ;

9° Le détournement ou le gaspillage des vivres ou des liquides à l'usage du bord ;

10° L'embarquement clandestin d'armes à feu, d'armes blanches, de poudres à tirer, de matières inflammables ou de liqueurs spiritueuses.

Ces objets seront saisis par le capitaine et, suivant qu'il y aura lieu, d'après leur nature comme d'après les circonstances, détruits ou séquestrés dans sa chambre, pour être, dans ce dernier cas, confisqués au profit de la caisse des invalides de la marine à l'expiration du voyage.

11° Le vol commis par un officier-marinier, un matelot, un novice ou un mousse, quand la valeur de l'objet n'excède pas 10 francs, et qu'il n'y a pas eu effraction ;

12° La désertion ;

§ 66 du rapport.

13° Les voies de fait contre un supérieur, lorsqu'elles ne donnent pas lieu à une maladie ou à une incapacité de travail de plus de trente jours ;

14° La rébellion envers le capitaine ou l'officier commandant le quart, lorsqu'elle a lieu en réunion d'un nombre quelconque de personnes, sans excéder le tiers des hommes de l'équipage, y compris les officiers.

Ces délits seront punis des peines énoncées dans l'article 55, au choix du juge, excepté dans les cas prévus par les articles suivants.

§ 10°. Si le capitaine est présumé coupable, la recherche du délit est faite par le commissaire de l'inscription maritime aux termes de l'article 27. Le transport clandestin d'armes par bâtiments du commerce est aujourd'hui exclusivement prévu par le décret-loi du 24 mars 1852 ; la loi du 24 mai 1834 n'est donc plus applicable dans les cas de l'espèce. (*Dépêche du 22 janvier 1853, n° 172.*)

§ 11°. Les tribunaux maritimes commerciaux doivent appliquer de préférence aux individus qui se rendent coupables du délit de vol la peine d'emprisonnement écrite dans l'article 55, § numéroté 5, et non l'embarquement sur les bâtiments de l'État. (*Dépêche du 2 mars 1855, n° 749.*)

§ 12°. C'est dans ce paragraphe qu'on doit venir chercher la peine à prononcer contre la désertion, quand le déserteur ne fait pas partie du personnel *marin* de l'équipage, ou qu'étant étranger il ne peut servir sur les bâtiments de la flotte. (*Dépêche du 5 août 1854, Bulletin officiel*, page 230.)

§ 13°. Voir l'apostille à laquelle a donné lieu le § numéroté 8 de l'article 58.

61. Tout marin coupable d'outrages par paroles, gestes ou menaces, envers son capitaine ou un officier du bord, sera puni d'un emprisonnement de six jours à un an, auquel il pourra être joint une amende de 16 à 100 francs. §§ 64 et 65 du rapport.

62. Tout officier coupable du même délit envers son supérieur sera puni d'un emprisonnement d'un mois à deux ans, et d'une amende de 50 à 300 francs.

63. Toute personne coupable de voies de fait envers le capitaine ou un officier du bord sera punie d'un emprisonnement de trois mois à trois ans.

Une amende de 25 à 500 francs sera en outre prononcée. § 66 du rapport

Si les voies de fait ont déterminé une maladie ou une incapacité de travail de plus de trente jours, les coupables seront punis conformément à l'article 309 du Code pénal.

64. Tout marin qui aura formellement refusé d'obéir aux ordres du capitaine ou d'un officier du bord pour assurer la manœuvre sera puni de six jours à six mois de prison.

Une amende de 16 à 100 francs pourra être jointe à cette peine.

Toute personne qui aura formellement refusé d'obéir aux ordres donnés pour le salut du navire ou de la cargaison, ou pour le maintien de l'ordre, sera punie d'un emprisonnement de trois mois à cinq ans. Une amende de 100 à 300 francs pourra, en outre, être prononcée.

§§ 14 et 15 de la circulaire, 67 et 68 du rapport.

65. Les gens de mer qui, dans un port de France, s'absentent sans permission pendant trois fois vingt-quatre heures de leur navire ou du poste où ils ont été placés, ou laissent partir le navire sans se rendre à bord après avoir contracté un engagement, sont réputés déserteurs et punis de six jours de prison.

Cette peine sera de quinze jours à deux mois pour les novices et les mousses.

Les officiers-mariniers et les matelots sont, en outre, levés pour le service de l'État et embarqués pour une campagne extraordinaire de six mois à un an, comme il est dit à l'article 55.

Toutefois, le capitaine, maître ou patron du navire sur lequel le déserteur était embarqué pourra obtenir sa réintégration à bord, en cas d'arrestation opérée avant le départ du navire; mais alors ses gages seront réduits de moitié à partir du jour de la désertion jusqu'à l'expiration de l'engagement.

Désertion d'individus non inscrits, tels que cuisiniers, chirurgiens, marins étrangers, etc. — Voir le commentaire des articles 3 et 60, § numéroté 12.

*Dépêche du 9 avril 1853, n° 973.*

« Tout capitaine au long cours ou maître au cabotage embarqué « sur un bâtiment du commerce autrement qu'en qualité de capitaine, « qui se rend coupable d'un délit prévu par le décret du 24 mars 1852, « et entraînant la peine de l'embarquement sur les bâtiments de l'État « à solde réduite, doit être admis au service dans le grade dont il était

« pourvu avant d'obtenir le brevet de capitaine au long cours ou de « maître au cabotage. »

Le tribunal maritime commercial de Saint-Brieuc, agissant en vertu de ce principe, a rendu, le 11 novembre 1853, un jugement qui a condamné un maître au cabotage, déserteur d'un navire à bord duquel il était embarqué en qualité de lieutenant, à six jours de prison et à une campagne extraordinaire de six mois sur les bâtiments de l'État, à deux tiers de la solde de matelot de 3ᵉ classe, son grade au service. (*Notification au Bulletin officiel de la marine, 1853, 2ᵉ sem.* page 857.)

Voir, sur le caractère de l'embarquement correctionnel à bord de bâtiments de l'État et sur les réductions de solde, le commentaire de l'article 55.

*Grade réel, grade conventionnel.* — Voir la *dépêche du 21 décembre 1852*, citée dans le commentaire de l'article 55.

*Engagement.* — Quand doit-il être considéré comme contracté ? — Voir la *circulaire du 27 mars 1852* (§ 14), portant envoi du décret.

### Dépêche du 14 février 1854 (Bulletin officiel, page 201).

Le délit de désertion est un délit successif, qui ne se prescrit pas. — Voir le commentaire de l'article 100.

### Circulaire du 31 janvier 1858.

Marins déserteurs de navires du commerce. — Dettes envers l'armement. — Retenues à opérer sur la solde à l'État.

Messieurs, les articles 65 et suivants du décret-loi du 24 mars 1852 (*Bulletin officiel,* page 388) disposent que les officiers-mariniers et marins condamnés, comme ayant déserté d'un navire du commerce, seront levés pour le service de l'État et embarqués, pour une campagne extraordinaire, à solde réduite.

D'un autre côté, aux termes de l'article 69 du même décret, si le déserteur est redevable envers l'armement à l'époque de sa désertion, il doit être pourvu à l'acquittement de cette dette par voie de retenues sur sa solde au service de l'État.

L'exécution de ces dispositions ayant fait naître quelques difficultés, j'ai été consulté sur la question de savoir s'il y a lieu de se conformer, par continuation, aux règles tracées dans la circulaire du 11 février 1841, en ce qui concerne la quotité des retenues à opérer au profit des ayants droit.

Un nouvel examen de la question m'a conduit à reconnaître qu'il y avait lieu de mettre les prescriptions de la circulaire précitée en harmonie avec celles du décret-loi du 24 mars 1852, et j'ai arrêté comme suit les mesures à prendre dans les cas de l'espèce.

Les marins déserteurs, condamnés à un embarquement correctionnel, qui seront redevables à l'armement de tout ou partie des avances qui leur auront été payées, subiront une retenue mensuelle dont la quotité est limitée :

A 5 francs par mois, pour les matelots de 1re classe ;

A 3 fr. 50 cent. par mois, pour les matelots de 2e classe, au nom desquels il aura été inscrit des délégations de famille. Dans ce cas, le montant des délégations sera calculé sous la déduction :

1° De la retenue pour habillement ;

2° Des 10 centimes de poche ;

3° De la retenue pour dette ci-dessus indiquée.

Le montant de cette dernière retenue sera ordonnancé en fin d'année seulement, ou au débarquement des marins qui en seront l'objet, et rendu payable entre les mains des ayants droit, conformément aux dispositions de l'article 69 précité.

Il demeure d'ailleurs entendu que, pour les matelots de 1re et de 2e classe, au nom desquels il n'aura pas été établi de délégation de famille, ainsi que pour les matelots de 3e classe à solde réduite, au nom desquels il n'en peut être établi, toute la partie disponible de leur solde sera affectée à l'extinction de leur dette envers l'armement.

66. Sont également réputés déserteurs, punis d'un mois de prison et condamnés à faire une campagne d'un à deux ans sur un bâtiment de l'État, comme il est dit à l'article 55, les officiers-mariniers et matelots qui, sur une rade étrangère ou dans un port étranger, s'absentent sans permission, pendant deux fois vingt-quatre heures, de leur navire ou du poste auquel ils ont été placés.

§ 15 de la circulaire.

Les novices et les mousses seront condamnés à un emprisonnement d'un à trois mois.

Si le déserteur est arrêté et remis au capitaine, il achève le voyage à demi-gages; mais il n'en est pas moins passible des peines portées ci-dessus.

Un tribunal maritime commercial, réuni dans une de nos colonies, ayant condamné à un mois de prison et à une campagne correctionnelle d'un an sur un bâtiment de l'État, par application de l'article 66 du décret-loi, un marin inscrit dans la colonie, embarqué sur un bateau armé au cabotage, et coupable de s'en être absenté pendant plus de quarante-huit heures, le ministre a indiqué de la manière suivante, dans une *dépêche du 5 novembre 1852* (*Bulletin officiel*, page 407), l'erreur dont ce jugement était entaché :

« La désertion est un des délits maritimes pour lesquels le décret « du 24 mars a pris soin de graduer les peines; elles sont d'autant « plus sévères que le fait de la désertion devient plus préjudiciable à « l'armement, selon le pays où le marin rompt illicitement son enga- « gement. C'est ainsi que la désertion à l'étranger, aux colonies, est « punie plus rigoureusement que la désertion en France, où il est « plus facile de remplacer le déserteur. En appliquant au matelot G... « la pénalité édictée par l'article 66, le tribunal maritime commercial « a perdu de vue que cet homme, inscrit dans la colonie, naviguant « sur un bateau de la marine locale, était dans la même position que « le gabarier ou le matelot pêcheur qui, en France, abandonnerait son « embarcation ; et, qu'en prononçant des peines plus sévères que « celles édictées par l'article 65, on faisait de la loi une application « contraire à son esprit. « Je comprends qu'en présence des termes généraux du 2ᵉ para- « graphe de l'article 67 le tribunal ait cru ne pas pouvoir faire la « distinction que je viens d'établir; mais l'article 55, § numéroté 5, « combiné avec l'article 60, offrait les moyens, tout en restant dans « les termes de la loi, de punir le fait reproché au matelot G....., « sans avoir recours à l'article 66, applicable seulement aux gens de « mer qui désertent d'un bâtiment expédié de France, ou faisant, « dans les colonies, une navigation assimilée au long cours ou au « grand cabotage. »

*Dépêche du 9 novembre 1855, n° 3581.*

Les commissaires de l'inscription maritime ont le droit de provoquer des poursuites d'office contre un marin au sujet duquel le capitaine n'aurait pas rempli les formalités imposées par les articles 24 et 25 du décret-loi du 24 mars 1852.

Il s'agissait dans l'espèce d'un marin embarqué à bord d'un na-

vire baleinier en qualité de maître d'hôtel, et qui en avait déserté.
Après avoir reçu la plainte verbale du capitaine, le commissaire de
l'inscription maritime déféra le marin déserteur, arrêté par la gendarmerie postérieurement au départ du navire, aux poursuites du
tribunal maritime commercial, en conformité des dispositions de
l'article 10 du décret-loi disciplinaire et pénal.

Avant de statuer sur le fond, les juges élevèrent la question préalable de savoir si la plainte portée par le commissaire de l'inscription maritime était recevable, et si le tribunal ne devait pas d'abord
exiger la production du rapport et de l'instruction sommaire que le
capitaine est tenu de dresser aux termes des articles 24 et 25.

Arguant alors des prescriptions de l'article 1ᵉʳ du Code d'instruction
criminelle, d'après lequel « l'action pour l'application des peines
« n'appartient qu'aux fonctionnaires auxquels elle est confiée par la
« loi », les juges ont dénié au commissaire de l'inscription maritime
le droit de saisir le tribunal d'un délit dont la constatation n'a pas
été régulièrement faite, conformément auxdits articles 24 et 25;
attendu que, suivant eux, c'est au capitaine seul que l'exercice de
l'action publique serait dévolue dans le cas de l'espèce.

« En statuant ainsi, dit le ministre, le tribunal s'est étrangement
« mépris. Sans doute, le capitaine ne devait pas se borner à une dé-
« claration verbale et l'autorité maritime aurait dû exiger une plainte
« écrite; mais l'établissement de cette pièce n'est imposé aux capi-
« taines que pour éclairer la justice, et du moment que le délit était
« patent, que l'accusé lui-même ne le niait pas, que le procès-verbal
« d'arrestation produit à l'audience ne laissait subsister aucun doute,
« les juges, suffisamment édifiés, n'avaient plus qu'à prononcer la
« peine. S'il en était autrement, si le commissaire de l'inscription mari-
« time n'avait le droit de poursuivre d'office que les capitaines, on
« arriverait à ce résultat, qu'il est impossible d'admettre, que tout délit
« commis par un simple matelot, hors la présence du capitaine et
« du second, à terre, par exemple, et ne pouvant conséquemment,
« sauf des cas fort rares, donner lieu, de la part des autorités du bord,
« ni à un rapport, ni à une instruction sommaire, resterait forcément
« impuni. Or, c'est précisément un des caractères presque constants de
« la désertion, que ce délit étant le plus souvent commis au moment
« de l'appareillage du navire, comme cela a eu lieu dans le cas dont il
« s'agit, le capitaine se trouve dans l'impossibilité de réunir les élé-
« ments d'une instruction que, d'ailleurs, il ne pourrait produire à
« l'appui de sa plainte, en admettant même qu'il eût pu déposer
« celle-ci, car le contraire n'est pas sans exemple. C'est ainsi que se
« jugent les marins déserteurs qui viennent se dénoncer eux-mêmes
« et contre lesquels il n'a pu être formulé aucune plainte, leur ab-
« sence du bord n'ayant été constatée qu'à la mer. Des cas analogues

« se présentent journellement dans nos ports, et les poursuites ont
« lieu d'office chaque fois qu'il n'a pas été possible aux capitaines de
« procéder à l'instruction sommaire prescrite par l'article 25. »

Cette argumentation a été reproduite dans la *dépêche du 22 janvier
1858,* n° 156.

67. Tout inscrit maritime trouvé sur un navire appartenant à une puissance étrangère, s'il ne peut présenter une
permission en règle d'une autorité française, ou prouver que
son embarquement est résulté d'un cas de force majeure,
sera puni conformément aux dispositions de l'article précédent.

Les gens de mer coupables de désertion dans les colonies
françaises seront punis des mêmes peines.

68. Sont aussi réputés déserteurs, punis de deux à six
mois de prison, et tenus de faire une campagne de trois ans
sur un bâtiment de l'État, comme il est dit à l'article 55,
les officiers-mariniers et matelots de la marine marchande
trouvés à bord d'un navire de commerce naviguant sous pa-
villon d'une puissance en guerre avec la France.

Dans ce cas, les novices et les mousses seront condamnés § 16 de la circu-
à six mois de prison. laire.

69. Tout déserteur perd de droit la solde par lui acquise
sur le bâtiment auquel il appartenait au jour du délit. La
moitié de cette solde retourne à l'armement; l'autre moitié
est versée à la caisse des invalides de la marine.

Si le déserteur est redevable envers l'armement à l'é-
poque de sa désertion, il sera pourvu à l'acquittement de
cette dette par voie de retenues sur sa solde au service de
l'État

Cet article est d'application générale et absolue, c'est-à-dire que la
solde acquise est perdue tout aussi bien pour le déserteur à l'intérieur
que pour le déserteur à l'étranger. (*Note du 5 août 1854,* n° 2689.)

Art. 128 du Code de procédure civile. « Tous jugements qui con-
« damneront en des dommages et intérêts en contiendront la liqui-
« dation ou ordonneront qu'ils soient donnés par état. » La perte des
salaires acquis par le déserteur pouvant être considérée comme des

dommages-intérêts attribués à l'armateur, il est plus prudent, suivant la *dépêche du 20 octobre 1854*, n° 3402, de ne point fixer dans les jugements des tribunaux maritimes commerciaux le chiffre de ses salaires, et d'ordonner qu'ils soient ultérieurement donnés par état. On évitera ainsi de commettre des erreurs sur lesquelles le caractère définitif des jugements ne permettrait pas de revenir.

*Dépêche du 13 juillet 1857* (Bulletin officiel, *page 596*).

Il n'y a pas lieu de faire rendre par la caisse des invalides la moitié de la solde des marins dont la désertion avait été constatée par le consul et qui avaient été ramenés à bord pour y achever le voyage à mi-gages, alors même que le capitaine aurait payé à ces marins, par erreur, leurs gages tout entiers, lors du désarmement du navire.

Voir, pour les retenues à opérer sur la solde du marin condamné pour désertion en vertu du deuxième paragraphe, la circulaire du 31 janvier 1858, relatée à la fin du commentaire de l'article 65.

§ 17 de la circulaire.

70. Les gens de mer complices de la désertion sont punis des mêmes peines que le déserteur.

Les autres personnes également complices sont punies d'une amende de 16 à 500 francs et d'un emprisonnement de dix jours à trois mois.

D'après la *dépêche du 16 novembre 1854*, n° 3638, cet article est applicable à un capitaine de navire qui encourage la désertion de marins embarqués à bord d'un autre navire.

« Sans doute (dit à ce sujet le ministre), si la complicité de déser-
« tion est établie à l'égard du capitaine G...., la peine qui le frap-
« pera sera rigoureuse, puisque, pour être puni, ainsi que le veut
« l'article 70, de la même manière que le déserteur, il devra être
« condamné à l'emprisonnement et à un embarquement correctionnel
« sur un bâtiment de l'État, avec la solde réduite du grade qu'il avait
« au service avant la collation de son brevet....; mais aussi la faute
« commise par ce navigateur est des plus graves, et ne saurait être
« trop sévèrement réprimée.

« C'est précisément afin de sauvegarder les capitaines contre la
« désertion de leurs équipages, et de fournir à la justice les moyens
« d'envelopper dans une même condamnation et les déserteurs et les
« individus qui, dans certains ports étrangers, centres commerciaux
« importants, font métier d'*embaucher* les matelots français, que les
« dispositions de l'article 70 ont été introduites dans le décret-loi;

« mais assurément le législateur n'avait pas pensé qu'un capitaine de-
« vînt oublieux de ses devoirs au point de se faire lui-même agent de
« désertion et de compromettre ainsi l'entreprise d'un de ses con-
« frères. »

71. Les gens de mer qui, à l'insu du capitaine, maître
ou patron, embarquent ou débarquent des objets dont la
saisie constitue l'armement en frais et dommages, sont punis
d'un mois à un an de prison, indépendamment de l'amende
par eux encourue à raison de la saisie et sans préjudice de
l'indemnité due à l'armement pour les frais que la saisie a
pu lui occasionner.

« Pour que le fait de contrebande prenne le caractère de délit pas-
« sible de la peine d'emprisonnement édictée par cet article, il faut
« que l'armement ait été constitué en frais et dommages. » (*Dépêche du
1er mars 1853, n° 568.*)

*Dépêche du 24 mai 1853* (Bulletin officiel, *page 460*).

« Il est à remarquer..... que les articles 71 et 77 étant seule-
« ment destinés à assurer l'exécution des lois de douane, lorsque les
« infractions sont commises par des gens de mer, c'est surtout à l'ad-
« ministration des douanes ou aux parties lésées qu'il appartient de
« rechercher les contraventions, et qu'en l'absence de toute plainte
« le commissaire de l'inscription maritime pourrait, en évoquant les
« affaires de ce genre, dépasser le but que s'est proposé le législa-
« teur. »

72. Tout officier qui, hors le cas de nécessité absolue,
maltraite ou frappe un marin ou un passager, est puni d'un
emprisonnement de six jours à trois mois.

La peine pourra être doublée s'il s'agit d'un novice ou
d'un mousse.

Si les voies de fait ont occasionné une maladie ou une
incapacité de travail de plus de trente jours, le coupable
sera puni conformément à l'article 309 du Code pénal.

§ 66 du rapport.

73. Tout officier qui s'enivre habituellement ou pendant qu'il est de quart, est puni de quinze jours à un mois
de prison et d'une amende de 50 à 300 francs.

§ 72 du rapport.

74. Tout capitaine, maître, patron ou officier qui, volontairement, détruit, dégrade ou vend un objet utile à la navigation, à la manœuvre ou à la sûreté du navire, est puni de quinze jours à trois mois de prison.

75. Est puni de la même peine tout capitaine, maître, patron ou officier qui, hors le cas de force majeure, a volontairement altéré les vivres, boissons et autres objets de consommation destinés aux passagers et à l'équipage, lorsqu'il n'y a pas eu mélange de substances malfaisantes.

Une amende de 16 à 300 francs pourra, en outre, être prononcée.

76. Tout capitaine, maître ou patron, qui, hors le cas de force majeure, prive l'équipage de l'intégralité de la ration stipulée avant le départ, ou, à défaut de convention, de la ration équivalente à celle que reçoivent les marins de la flotte, est tenu de payer, à titre de dommages-intérêts, 50 centimes par jour pendant la durée du retranchement à chaque personne composant l'équipage, et peut, en outre, être puni de 50 à 500 francs d'amende.

Les cas de force majeure sont constatés par procès-verbaux signés du capitaine, maître ou patron et des principaux de l'équipage, et alors même il est dû à chaque homme une indemnité représentative du retranchement auquel il a été soumis.

Ne jamais perdre de vue le principe de l'allocation d'une indemnité posé par cet article, indépendamment de la peine pécuniaire dont est punissable, aux termes du même article, le fait non justifié de réduction de la ration. (*Dépêche du 25 janvier 1853. — Bulletin officiel*, page 55.)

77. Est puni de trois mois de prison tout capitaine, maître ou patron qui, en faisant ou autorisant la contrebande, donne lieu à une amende de moins de 1,000 francs à la charge de l'armement.

La peine de la prison sera de trois mois à un an, indépendamment de la suspension de commandement pendant deux ans au moins et trois ans au plus, sans préjudice de l'action civile réservée à l'armateur, si la contrebande donne lieu, soit à la confiscation du navire ou de tout ou partie de la cargaison, soit à une amende de plus de 1,000 francs.

Voir le commentaire de l'article 71.

78. Tout capitaine, maître ou patron qui s'enivre pendant qu'il est chargé de la conduite du navire est puni d'un emprisonnement de quinze jours à un an. Il peut, en outre, être interdit de tout commandement pendant un intervalle de six mois à deux ans. § 72 du rapport

En cas de récidive, l'interdiction de commander peut être définitive. § 60 du rapport.

Nonobstant les dispositions de l'article 365 du Code d'instruction criminelle, applicables cependant au décret-loi en général (voir à la fin de ce commentaire), le tribunal maritime commercial peut, dans le cas d'application de l'article 78, cumuler les deux peines qu'il édicte, emprisonnement et interdiction de commandement. (*Dépêche du 1er février 1853, n° 267.*)

79. Tout capitaine, maître ou patron qui se permet ou tolère à son bord des abus de pouvoir, ou qui, hors le cas de nécessité absolue, exerce des voies de fait envers son inférieur ou un passager, est puni de six jours à trois mois de prison. § 5 de la circulaire.

Le coupable peut, en outre, être privé de commander pendant six mois au moins et deux ans au plus.

La peine pourra être doublée s'il s'agit d'un novice ou d'un mousse.

Si les voies de fait ont entraîné une maladie ou une incapacité de travail de plus de trente jours, le coupable sera puni conformément à l'article 309 du Code pénal. § 66 du rapport.

*Dépêche du 31 octobre 1854, n° 3504.*

Dans le cas de l'application de cet article, « la peine de l'emprison-

11

« nement doit toujours être prononcée; celle de la suspension limitée
« de commandement peut y être ajoutée, mais elle ne doit jamais être
« prononcée seule : ou bien elle ne l'est pas du tout, ou bien elle se
« cumule avec l'emprisonnement. »

80. Tout capitaine qui, en présence d'un péril quelconque, abandonne son navire à la mer, hors le cas de force
majeure dûment constaté par les officiers et principaux de
l'équipage, ou qui, ayant pris leur avis, néglige de sauver
l'argent ou les marchandises précieuses avant d'abandonner
le navire, est puni d'un emprisonnement d'un mois à un an.

La même peine peut être prononcée contre le capitaine,
maître ou patron qui, forcé d'abandonner son navire, ne
reste pas à bord le dernier.

§ 60 du rapport.　Dans l'un et l'autre cas, l'interdiction de commandement
peut, en outre, être prononcée pour un à cinq ans.

Cet article contient la sanction pénale de l'article 241 du Code de
commerce, dont il reproduit à peu près les termes.

81. Tout capitaine, maître ou patron qui, hors le cas
d'un danger quelconque, rompt son engagement et abandonne son navire avant d'avoir été dûment remplacé est
puni, si le navire se trouvait en sûreté dans un port, d'un
emprisonnement de six mois à deux ans ; si le navire était
en rade foraine, la peine d'emprisonnement sera d'un an au
moins et de trois au plus.

§ 60 du rapport.　Dans l'un et l'autre cas, le coupable peut, en outre, être
privé de commander pendant un an au moins et trois ans
au plus.

82. Tout capitaine ou maître qui favorise par son con-
sentement l'usurpation de l'exercice du commandement
à son bord, en ce qui touche la manœuvre et la direction
nautique du navire, et consent ainsi à n'être que porteur
§ 60 du rapport.　d'expéditions, est puni d'un emprisonnement de quinze
jours à trois mois, et de l'interdiction de commandement
pendant un an au moins et deux ans au plus.

En cas de récidive, l'interdiction de commandement peut
être définitive.

La même peine d'emprisonnement sera prononcée contre
toute personne qui aura indûment pris le commandement
d'un navire. Le coupable sera, de plus, passible d'une
amende de 100 à 500 francs.

§ 18 de la circu-
laire.

*Dépêche du 12 novembre 1852, n° 3755,*

« Les expressions *en ce qui touche la manœuvre et la direction nau-*
« *tique du navire,* employées par opposition à la haute direction qui,
« sous le rapport commercial, peut être exercée à bord par un repré-
« sentant des intéressés à l'expédition, sont *indicatives* et non *limita-*
« *tives.* L'article 82 punit également toute usurpation ou abandon de
« ces fonctions inhérentes à la qualité de capitaine qui, constituant
« une seule personne responsable, n'admettent pas de partage, et dont
« l'exercice illicite est la preuve d'une abdication complète par le titu-
« laire légal au profit d'une autre personne. Tels sont le pouvoir dis-
« ciplinaire, les rapports avec l'autorité maritime et consulaire, avec
« les commandants des forces navales, enfin tout ce qui est relatif à
« la police de la navigation. »

83. Est puni d'une amende de 25 à 300 francs tout
capitaine, maître ou patron qui ne se conforme point aux
mesures prescrites par les articles 224, 225 et 227 du Code
de commerce (1).

La même peine peut être appliquée au capitaine, maître
ou patron qui, hors le cas d'impossibilité absolue, vingt-
quatre heures après son arrivée dans un port français, dans
une colonie française ou dans un port étranger où réside
un consul de France, ne dépose pas son rôle d'équipage,
soit au bureau de la marine, soit à la chancellerie du consulat (2).

Vingt-quatre heures après son arrivée, c'est-à-dire dans les vingt-

(1) 224, livre timbré ; — 225, visite du navire : — 227, présence du capitaine
à bord, à l'entrée et à la sortie des ports.
(2) Articles 242 et 244 du Code de commerce, et circulaire du 13 juillet
1848, *Bulletin officiel,* 2° semestre, page 12.

quatre heures de son arrivée au plus tard. (*Dépêche du 9 janvier 1857, n° 51.*)

Le capitaine est seul responsable de l'inexécution de l'article 225 du Code de commerce. Il opposerait vainement pour sa défense que l'autorité maritime lui a fait remise du rôle d'équipage sans constater si son navire était visité. (*Dépêche du 16 novembre 1852, n° 3795.*)

L'article 83, non plus que l'article 227 du Code de commerce ainsi conçu : « Le capitaine est tenu d'être en personne dans son na- « vire, à l'entrée et à la sortie des ports, havres ou rivières, » auquel ledit article 83 a donné une sanction pénale, n'est pas applicable à un patron pêcheur qui laisse naviguer son bateau sans être à bord. Le délinquant est, dans ce cas, passible des peines écrites dans le décret-loi du 19 mars 1852 sur le rôle d'équipage. (*Dépêche du 31 octobre 1853, n° 3088.*)

84. Est puni d'une amende de 25 francs à 100 francs, à laquelle il peut être joint un emprisonnement de six jours à un mois,

Tout capitaine, maître ou patron qui, à moins de légitimes motifs d'empêchement, s'abstient, à son arrivée sur une rade étrangère ou à son départ, de se rendre à bord du bâtiment de guerre français commandant la rade;

§ 10 de la circulaire.

Tout capitaine, maître ou patron qui, sans empêchement légitime, ne se conforme pas aux règles établies pour la police de la rade, après qu'il lui en a été donné connaissance.

Cet article abroge l'article 106 du décret du 15 août 1851, sur le service à bord des bâtiments de la flotte, aux termes duquel le commandant en chef à la mer avait le droit d'infliger d'un à huit jours d'arrêts à leur bord aux capitaines du commerce qui ne l'auraient pas informé de leur arrivée et de leur départ.

85. Est puni d'une amende de 50 à 300 francs, à laquelle peut être ajouté un emprisonnement de dix jours à six mois,

Tout capitaine, maître ou patron qui refuse d'obéir aux ordres relatifs à la police de la navigation émanant des autorités militaires de la marine, des commissaires de l'inscription maritime, des consuls, des syndics et autres agents maritimes, ou qui outrage ces officiers, fonctionnaires et agents, par paroles, gestes ou menaces, dans l'exercice de leurs fonctions ou à l'occasion de cet exercice.

Les infractions au décret du 28 mars 1852, sur la pêche du hareng, ne peuvent être réprimées par les dispositions de cet article. (*Dépêches des 8 décembre 1852 et 22 février 1853, n°* 4115 *et* 133.)

*Dépêche du 1er juillet 1853, n° 1876.*

C'est à tort qu'un tribunal maritime commercial a condamné à 50 francs d'amende, par application de l'article 85, un maître au cabotage qui avait payé son équipage en dehors de la surveillance de l'administration de la marine. — Ce maître au cabotage aurait dû être déféré aux poursuites du ministère public et condamné à l'amende de 60 francs édictée par la déclaration du roi du 18 décembre 1728, dont les dispositions ont été expliquées par l'arrêt du 19 janvier 1734, et rendues plus étroites encore par le décret-loi du 4 mars 1852.

86. Tout capitaine, maître, patron ou officier qui refuse ou néglige de remplir les formalités prescrites aux titres Ier et II du présent décret est puni d'une amende de 50 francs à 500 francs.

Il pourra, en outre, être prononcé un emprisonnement de six jours à un an.

87. Indépendamment des cas de suspension ou de retrait de la faculté de commander prévus par le présent décret, le ministre de la marine peut, par continuation, infliger cette même peine, lorsqu'il le juge nécessaire, après une enquête contradictoire, dans laquelle le capitaine est entendu.

La condamnation d'un capitaine au long cours ou d'un maître au cabotage à une peine afflictive ou infamante entraîne, *ipso facto*, sa radiation des matricules des capitaines du commerce. (*Décision et dépêche du 7 janvier 1855, n°* 7 *et* 93.)

88. Toutes les sommes provenant des amendes et des réductions de solde ou de rations prononcées aux termes du présent décret seront versées dans la caisse des invalides de la marine.

Le prix de la ration retranchée sera déterminé par le commissaire de l'inscription maritime du port de désarmement.

Confirmation de la disposition écrite dans l'article 5, § numéroté 8, de l'ordonnance du 22 mai 1816, qui place parmi les dotations et revenus de la caisse des invalides de la marine « le produit des « amendes et confiscations légalement prononcées pour contraventions « aux lois et règlements maritimes. »

## SECTION III.

### DES CRIMES.

§ 57 du rapport.　89. Tout individu inscrit sur le rôle d'équipage qui, volontairement, et dans une intention criminelle, échoue, perd ou détruit par quelque moyen que ce soit, autre que celui du feu ou d'une mine, le navire sur lequel il est embarqué, est puni de dix à vingt ans de travaux forcés.

Si le coupable était, à quelque titre que ce soit, chargé de la conduite du navire, il lui sera appliqué le maximum de la peine.

S'il y a eu homicide ou blessures par le fait de l'échouement, de la perte ou de la destruction du navire, le coupable sera, dans le premier cas, puni de mort, et, dans le second, puni des travaux forcés à temps.

90. Tout capitaine, maître ou patron qui, dans une intention frauduleuse, détourne à son profit le navire dont la conduite lui est confiée, est puni de vingt ans de travaux forcés, sans préjudice de l'action civile réservée à l'armateur.

Cet article abroge l'article 12 ainsi conçu de la loi du 10 avril 1825 : « Tout capitaine, maître ou patron, chargé de la conduite d'un navire ou autre bâtiment de commerce, qui, par fraude, détournera à son profit ce navire ou bâtiment, sera puni des travaux forcés à perpétuité. »

91. Est puni des travaux forcés à temps tout capitaine, maître ou patron qui, volontairement, et dans une intention criminelle, fait fausse route, ou jette à la mer ou détruit sans nécessité tout ou partie du chargement, des vivres ou des effets du bord.

92. Est puni de la reclusion tout capitaine, maître ou patron qui, dans une intention frauduleuse, se rend coupable de l'un des faits énoncés à l'article 236 du Code de commerce, ou vend, hors le cas prévu par l'article 237 du même code, le navire dont il a le commandement, ou opère des déchargements en contravention à l'article 248 dudit code.

Voici le texte des articles cités du Code de commerce.

236. — « Le capitaine qui aura, sans nécessité, pris de l'argent « sur le corps, avitaillement ou équipement du navire, engagé ou « vendu des marchandises ou des victuailles, ou qui aura employé « dans ses comptes des avaries et des dépenses supposées, sera respon- « sable envers l'armement et personnellement tenu de rembourse- « ment de l'argent ou du payement des objets, sans préjudice de la « poursuite criminelle, s'il y a lieu.

237. — « Hors le cas d'innavigabilité légalement constatée, le capi- « taine ne peut, à peine de nullité de la vente, vendre le navire sans « un pouvoir spécial des propriétaires.

248. — « Hors les cas de péril imminent, le capitaine ne peut dé- « charger aucune marchandise avant d'avoir fait son rapport, à peine « de poursuites extraordinaires contre lui. »

93. Les vols commis à bord de tout navire par les capi- taines, officiers, subrécargues ou passagers sont punis de la reclusion.

La même peine est prononcée contre les officiers-mari- niers, marins, novices et mousses, quand la valeur de l'objet volé excède 10 francs, ou quand le vol a été commis avec effraction.

94. Sont punies de la même peine toutes personnes em- barquées, à quelque titre que ce soit, qui altèrent volontai- rement les vivres, boissons ou autres objets de consomma- tion, par le mélange de substances malfaisantes.

§§ 60 et 70 du rapport. 95. Tout acte de rébellion commis par plus du tiers de l'équipage est puni de la reclusion.

Si les rebelles étaient armés, la peine des travaux forcés à temps sera prononcée.

Les rebelles sont réputés armés s'il se trouve parmi eux un ou plusieurs hommes porteurs d'une arme ostensible.

Les couteaux de poche entre les mains des rebelles sont réputés armes par le fait seul du port ostensible.

96. Tout complot ou attentat contre la sûreté, la liberté, ou l'autorité du capitaine, maître ou patron, est puni de la reclusion.

La peine des travaux forcés à temps sera prononcée contre tout officier impliqué dans le complot ou l'attentat.

On entend par complot la résolution d'agir concertée et arrêtée entre deux personnes au moins embarquées à bord d'un navire.

## TITRE IV.

### DISPOSITIONS DIVERSES.

§§ 26, 27 et 77 du rapport. 97. Le capitaine, maître ou patron a sur les gens de l'équipage et sur les passagers l'autorité que comportent la sûreté du navire, le soin des marchandises et le succès de l'expédition.

§ 77 du rapport. 98. Le capitaine, maître ou patron est autorisé à employer la force pour mettre l'auteur d'un crime hors d'état de nuire, mais il n'a pas juridiction sur le criminel, et il doit procéder à son égard suivant les prescriptions des articles 49, 50 et 51 ci-dessus.

Les marins de l'équipage sont tenus de prêter main-forte au capitaine pour assurer l'arrestation de tout prévenu, sous peine d'un mois à un an de prison, indépendamment d'une retenue de solde d'un à trois mois.

§ 77 du rapport. 99. En cas de mutinerie ou de révolte, la résistance du capitaine et des personnes qui lui restent fidèles est considérée comme un acte de légitime défense.

100. Dans les cas prévus par le présent décret, l'action § 77 du rapport. publique et l'action civile se prescrivent après cinq années révolues, à compter du jour où le délit a été commis.

La prescription pour les crimes reste soumise aux règles du droit commun.

*Dépêche du 14 février 1854 (Bulletin officiel, page 201).*

« La désertion est un délit successif qui, en se perpétuant, cons-« titue un état permanent d'opposition avec la loi, et, par suite, forme « obstacle à la prescription. L'opinion contraire qui, se basant sur la « généralité des termes de l'article 100 du décret-loi, consiste à dire « que la désertion doit, au même titre que les autres délits prévus dans « le décret, jouir du bénéfice de la prescription, n'est pas soutenable ; « car elle aurait pour conséquence d'encourager le marin déserteur à « persister dans sa faute jusqu'à l'expiration du délai de cinq ans qui « lui assurerait l'impunité. »

101. Sont et demeurent abrogées toutes dispositions contraires à celles du présent décret.

102. Le ministre secrétaire d'État de la marine et des colonies et le garde des sceaux, ministre secrétaire d'État de la justice, sont chargés, chacun en ce qui le concerne, de l'exécution du présent décret, qui sera inséré au *Bulletin des lois* et au *Bulletin officiel de la marine.*

Fait au palais des Tuileries, le 24 mars 1852.

Signé LOUIS-NAPOLÉON.

Par le Président de la République :

*Le Ministre de la marine et des colonies,*

Signé Th. DUCOS.

# PRINCIPES GÉNÉRAUX DU DROIT

### SUR LESQUELS LE MINISTRE A DÛ APPELER L'ATTENTION

## DES TRIBUNAUX MARITIMES COMMERCIAUX.

───────────

## DÉPÊCHES

### QUI N'ONT PU ÊTRE RATTACHÉES À AUCUN ARTICLE.

───────────

*Dépêche du 20 octobre 1852* (Bulletin officiel, *page 370*).

Les dispositions de l'article 365, 2ᵉ paragraphe, du Code d'instruction criminelle, qui défendent le cumul des peines, doivent être observées par les tribunaux maritimes commerciaux.

« En effet (dit le ministre), tout étant de droit étroit en « matière pénale, lorsqu'une loi spéciale n'a point expres- « sément dérogé aux principes généraux, ces derniers doi- « vent recevoir leur application.

« Conséquemment les tribunaux maritimes commerciaux « sont tenus de se conformer aux prescriptions du 2ᵉ para- « graphe de l'article 365 du Code d'instruction criminelle, « lequel est ainsi conçu :

« *En cas de conviction de plusieurs crimes ou délits, la peine* « *la plus forte sera seule prononcée.* »

*Circulaire du 8 janvier 1853* (Bulletin officiel, *page 4*).

Le tribunal maritime commercial est-il compétent pour juger les délits maritimes commis par des marins qui, par suite de leur éloignement de France et des circonstances de leur navigation, n'ont pu avoir connaissance de la promulgation du décret-loi du 24 mars 1852 ?

Jugé affirmativement le 5 novembre 1852 par la Cour de cassation, qui, mettant fin à un conflit négatif de juridiction entre le tribunal maritime commercial et le tribunal correctionnel du Havre, a renvoyé l'affaire pour laquelle le tribunal maritime commercial du Havre s'était déclaré incompétent devant le même tribunal à Cherbourg, par le motif « que les lois de compétence saisissent tous les faits « qu'elles embrassent, que ces faits soient antérieurs ou pos-« térieurs à leur publication, et qu'on ne saurait y appliquer « les principes de non-rétroactivité concernant la pénalité « ou le fond du droit. »

*Circulaire du 4 mars 1853* (Bulletin officiel, *page 182*).

Les notifications de condamnations seront désormais adressées directement, au moyen de l'imprimé dont suit le modèle, aussitôt après le prononcé du jugement, par les présidents des tribunaux maritimes commerciaux, aux commissaires des quartiers auxquels appartiennent les marins condamnés. (Voir *modèle* n° 19.)

*Dépêche du 16 mars 1853, n° 728.*

Les condamnations prononcées par les tribunaux maritimes commerciaux ne sont pas de nature à être annotées dans les sommiers judiciaires tenus à la préfecture de police.

« L'objet des sommiers judiciaires (dit le ministre) est, « comme l'a rappelé M. le préfet de police, d'éclairer la « justice sur les antécédents d'un grand nombre d'individus « arrêtés chaque jour dans Paris. Ces sommiers fournissent « en outre aux parquets des départements des renseigne-« ments précieux et, grâce aux vérifications qu'ils permettent « de faire, on est moins exposé à voir des repris de justice « échapper à la peine de la récidive ou obtenir des faveurs

12.

« dont leur conduite passée les rend indignes; sans eux,
« d'ailleurs, le renvoi sous la surveillance de la haute police
« serait à peu près sans effet.

« Le but que l'on s'est proposé ne serait point complé-
« tement atteint si ces sommiers judiciaires de la préfecture
« de police ne renfermaient pas l'indication des condamna-
« tions prononcées par les conseils de guerre et les tribunaux
« maritimes, dont la compétence embrasse des crimes et
« des délits réputés communs, et qui seraient jugés par les
« cours d'assises et les tribunaux correctionnels s'ils n'étaient
« commis par des militaires, des marins incorporés ou par
« des ouvriers des arsenaux soumis à un régime spécial.

« Mais il ne m'a pas paru y avoir d'utilité à faire figurer
« dans ces sommiers les condamnations prononcées par les
« tribunaux maritimes commerciaux, qui ne sont le plus
« souvent motivées que sur des manquements à la police et
« à la discipline des bâtiments du commerce. »

*Circulaire du 21 octobre 1853* (Bulletin officiel, *page 756*).

« Messieurs, j'ai été consulté sur la question de savoir si
« les tribunaux maritimes commerciaux pouvaient statuer
« par un seul et même jugement sur des actes indépendants
« les uns des autres, commis par des individus différents,
« entre lesquels aucun concert n'avait existé.

« Un arrêt de la cour de cassation, en date du 18 ventôse
« an VII, a résolu cette question dans le sens de la négative.

« Le Code d'instruction criminelle, articles 226 et 227,
« est venu depuis poser le même principe, auquel les tribu-
« naux maritimes commerciaux doivent naturellement se con-
« former, puisque aucune disposition du décret-loi du 24 mars
« 1852 ne déroge à cette prescription du droit commun.

« En conséquence, ces tribunaux ne peuvent statuer par
« un seul et même jugement que sur des délits connexes,
« tels qu'ils sont définis par l'article 227 du Code d'instruc-
« tion criminelle.

« J'appelle toute votre attention sur cette observation
« importante, et je recommande expressément de ne pas la
« perdre de vue. »

*Circulaire du 20 janvier 1854* (Bulletin officiel, *page 44*).

« Le bénéfice des circonstances atténuantes *peut* être ac-
« cordé aux individus déclarés coupables de crimes que pré-
« voit et punit le décret-loi disciplinaire et pénal pour la ma-
« rine marchande, du 24 mars 1852, mais il *doit* être refusé
« aux auteurs de délits définis dans la section II de cet acte. »

Cette circulaire a été complétée par la *dépêche du 8 mai
1855*, n° 1541, dans laquelle le ministre s'est exprimé ainsi :
« Mon prédécesseur a fait connaître aux autorités maritimes,
« par une circulaire du 20 janvier 1854, que le bénéfice des
« circonstances atténuantes doit être refusé aux auteurs de
« délits définis dans la section II du décret; on conçoit ce-
« pendant que les juges, à qui la loi a laissé la plus grande
« latitude dans l'application des peines, examinent avec soin,
« pour se former une opinion, quelles sont les considéra-
« tions accessoires qui ont pu altérer passagèrement la li-
« berté ou la réflexion de l'accusé; qu'ils tiennent compte
« par exemple, de son repentir, de ses aveux, de sa fai-
« blesse, de la colère, de l'ivresse ou de l'aveuglement sous
« l'empire desquels il a agi, du peu d'importance du dom-
« mage causé, de ces mille nuances, en un mot, qui distin-
« guent les actions de l'homme et modifient la culpabilité
« du même fait; mais ils doivent bien se garder de se laisser
« influencer par des circonstances tout à fait étrangères à la
« prévention.

« C'est ainsi que, dans le cas actuel, pour une question de
« complicité de désertion, l'état valétudinaire du capi-
« taine G..., la faiblesse de sa constitution, sa qualité de
« père de famille, les intérêts de ses armateurs qui auraient
« pu se trouver en souffrance s'il avait été condamné à l'em-
« prisonnement, motifs bons tout au plus à invoquer dans

« un recours en grâce, ne devaient réagir en rien sur la dé-
« termination des juges. »

*Dépêche du 14 février 1854* (Bulletin officiel, *page 201*).

*Question :* « Le délit de désertion commis par X..., le
« 6 décembre 1846, tombait-il sous l'application de l'art. 16,
« titre XVIII, de l'ordonnance du 31 octobre 1784, ou sous
« celle de l'article 66 du décret-loi du 24 mars 1852 ?
*Réponse :* « Le matelot X...., ayant déserté en 1846,
« c'est-à-dire antérieurement à l'apparition du décret du
« 24 mars 1852, c'était la pénalité de l'article 16, titre XVIII,
« de l'ordonnance du 31 octobre 1784, qui devait lui être
« appliquée. En effet, d'après l'article 6 du décret du
« 23 juillet 1810, et conformément à la jurisprudence cons-
« tante de la cour de cassation, les lois pénales ne peuvent
« recevoir d'effet rétroactif qu'autant qu'elles sont plus
« douces que celles dont elles prennent la place. Or le fait de
« désertion imputé à X... était puni par l'article précité de
« l'ordonnance de 1784 d'une campagne extraordinaire de
« trois à six mois (suivant le cas), à deux tiers de solde, sur
« les vaisseaux de Sa Majesté, et d'un emprisonnement de
« huit jours, tandis qu'il est punissable, d'après l'article 66
« du décret de 1852, d'un mois d'emprisonnement et d'une
« campagne extraordinaire d'un à deux ans sur un bâtiment
« de l'État à deux tiers de solde. »

*Dépêche du 4 mars 1856, n° 612.*

« Monsieur, en me transmettant par votre lettre du 9 fé-
« vrier dernier l'expédition d'un jugement du tribunal ma-
« ritime commercial de ..., vous avez demandé si vous
« pouviez faire insérer dans les journaux de cette ville une
« notice des jugements rendus par les tribunaux maritimes
« commerciaux du sous-arrondissement.
« Les lois qui régissent la presse reconnaissent aux jour-
« naux et écrits périodiques le droit de rendre compte des

« audiences des cours et tribunaux sous certaines réserves
« qu'il est inutile de faire en matière d'application du décret-
« loi disciplinaire et pénal pour la marine marchande du
« 24 mars 1852.

« Rien ne s'oppose donc à ce que vous donniez cours à
« votre pensée, qui ne peut qu'être féconde en bons résul-
« tats. »

*Dépêche du 9 janvier 1857, n° 36.*

Évasion d'un marin embarqué sur un navire du commerce pour être renvoyé
en France et y passer en jugement.—*Quid* de la responsabilité du capitaine ?

Monsieur, en me faisant connaître, par votre lettre du
20 décembre dernier, n° 1550, que le matelot B. . . déserteur d'un bâtiment du commerce, accusé d'avoir frappé le
chancelier du consulat de France à Panama, dans l'exercice
de ses fonctions, s'est évadé, en rade de Punta-Arenas, du
navire la *Pallas,* sur lequel il avait été embarqué douze jours
auparavant par le commandant de la corvette l'*Embuscade,*
pour être renvoyé en France et y être mis à la disposition
de l'autorité judiciaire, vous m'avez demandé s'il y a lieu
de déférer le capitaine de la *Pallas* aux poursuites du ministère public, à fin d'application de l'article 237 du Code
pénal, ou de punir disciplinairement ce navigateur.

Je vous invite, avant de provoquer des poursuites contre
le capitaine de la *Pallas,* à pressentir le procureur impérial
à Bordeaux sur la possibilité d'obtenir dans cette circonstance
l'application dudit article, application qui me paraît très-con-
testable, dans l'espèce, attendu qu'il est généralement admis
que l'évasion ne fait encourir peine qu'autant que le lieu d'où
le prévenu s'est évadé est une prison légalement établie.

Or, tel n'est assurément pas le cas en ce qui touche le
navire la *Pallas.*

J'ajouterai qu'il serait peut-être d'une extrême rigueur de
sévir contre un capitaine du commerce pour avoir laissé
échapper un prisonnier confié, il est vrai, à sa garde, mais

à l'égard duquel on conçoit qu'il n'ait pas de moyens de surveillance suffisants pour rendre toute évasion impossible, à l'étranger surtout, au milieu des soins ou des travaux d'un chargement ou d'un déchargement, des préoccupations de sa position, des formalités de toute nature qu'il a à remplir, et avec un équipage aussi restreint que ceux dont disposent généralement les bâtiments marchands.

Il faut se rappeler d'ailleurs que, par une circulaire du 14 juillet 1853 (voir le commentaire de l'article 41), mon prédécesseur a recommandé de considérer les marins condamnés par les tribunaux maritimes commerciaux réunis, à bord des bâtiments de l'État et retenus à bord de ces bâtiments jusqu'à ce qu'il ait été possible de les débarquer, comme passagers à la ration, et de ne les mettre aux fers que s'ils se sont placés dans l'un des cas prévus par le dernier paragraphe de la Iʳᵉ section de l'article 52 du décret-loi du 24 mars 1852. Or, ce qui s'applique aux bâtiments de l'État s'applique naturellement aux navires du commerce, et le matelot B... quelque grave que fût sa faute, ne semble pas avoir dû être traité comme un homme dangereux.

Veuillez donc examiner cette affaire avec une attention toute particulière, et me faire ensuite, à l'égard du capitaine de la *Pallas*, telle proposition que vous jugerez convenable.

# CIRCULAIRE

DU 5 FÉVRIER 1855 (BULLETIN OFFICIEL, PAGE 65).

---

*Décret-loi disciplinaire et pénal pour la marine marchande, du 24 mars 1852. — Adoption d'une série de modèles d'imprimés spéciaux pour l'exécution de cet acte.*

Messieurs, vous trouverez reproduite à la suite de la présente circulaire la série complète des modèles d'imprimés spéciaux que j'ai fait établir pour l'exécution du décret-loi disciplinaire et pénal pour la marine marchande du 24 mars 1852.

Ces modèles, dont l'adoption aura pour effet de rendre sur tous les points la procédure uniforme, sont au nombre de vingt, y compris l'état dont la contexture a été indiquée par la circulaire du 4 mars 1853 (*Bulletin officiel*, *page 182*), et que, dans un but d'ensemble, j'ai cru devoir joindre au travail général dont il s'agit.

En voici la nomenclature :

Modèle n° 1. Lettre à adresser par un capitaine, maître ou patron, pour réclamer de qui de droit l'application d'une punition disciplinaire encourue par un homme de l'équipage. — Prononcé de la punition.
    2. Procès-verbal de constatation d'un délit commis à bord d'un navire.
    3. Envoi du procès-verbal précédent à l'autorité chargée d'exercer les poursuites.
    4. Livre de punitions.
    5. Mandat d'amener.
    6. Mandat de dépôt ou de mise en détention préventive.
    7. Ordre de détention ou de mise en liberté.
    8. Permis de communication avec un prisonnier.

13

9. Demande en autorisation de convocation du tribunal maritime commercial.
10. Lettre au président du tribunal de commerce, pour le prier de désigner le juge qui doit faire partie du tribunal maritime commercial.
11. Nomination du juge rapporteur et désignation du greffier.
12. Désignation des juges.
13. Cédule à témoin.
14. Interrogatoire du prévenu.
15. Information. Interrogatoire des témoins.
16. Notification du jour du jugement.
17. Convocation des juges.
18. Libellé du jugement.
19. Extrait de jugement.
20. Remise du condamné au procureur impérial.

Vous m'adresserez, sous le timbre *comptabilité générale, service intérieur et archives*, les demandes de la quantité d'imprimés ci-dessus désignés qui vous seront nécessaires, à l'exception toutefois des modèles n°s 1, 2, 3 et 4, dont la délivrance ne sera point faite aux capitaines, maîtres ou patrons des navires du commerce.

Recevez, etc.

*Le Ministre secrétaire d'État de la marine et des colonies,*

*Signé* Th. DUCOS.

# MODÈLES.

# MARINE.

MODÈLE N° 1
de la circulaire
du 5 février 1855.

A bord du

Le                                        18    .

(1) Commissaire, commandant ou consul.

(2) Nom, prénoms.

(3) Quartier d'inscription.

Monsieur le (1)

J'ai l'honneur de vous informer que le nommé (2)

inscrit à (3)            f°            n°

remplissant à bord les fonctions de                                        s'est,

le                        , rendu coupable de

et je vous prie de vouloir bien, par application des articles 5, 52 et 58 du décret-loi du 24 mars 1852, lui infliger la punition disciplinaire que cette faute vous paraîtra avoir méritée.

Je suis, avec le plus profond respect, Monsieur le (1)

votre très-humble et très-obéissant serviteur.

(4) Capitaine, maître ou patron du navire.

Le (4)

Le (1)

Vu la plainte ci-dessus;

Vu les articles 5, 52 et 58 du décret-loi du 24 mars 1852,

CONDAMNE le nommé (2)

A                le                18    .

A Monsieur le (1)

Modèle n° 2
de la circulaire
du 5 février 1855.

PROCÈS-VERBAL
DE CONSTAT DE DÉLIT.

# MARINE.

NAVIRE *L*

du port d

Cejourd'hui, le                du mois d                de l'an

(1) Officier ou second, officier de quart ou capitaine.

nous (1)                                              ayant eu

connaissance que le nommé (2)

(2) Nom et prénoms.

inscrit à                                  remplissant à bord les

fonctions de                               s'est rendu coupable

(3) Donner les détails du délit, en se conformant à l'article 60 du décret-loi du 24 mars 1852, et des circonstances dans lesquelles il a eu lieu.

de (3)

Nous avons constaté ce délit, conformément à l'article 24 du décret-loi du 24 mars 1852, et nous avons dressé le présent pour servir aux poursuites que de droit.

Bord, le                          18    .

Le (1)

Modèle n° 5
de la circulaire
du 5 février 1855.

ENVOI
D'UN PROCÈS-VERBAL
DE CONSTAT DE DÉLIT.

# MARINE.

À                    le                    18   .

(1) Commissaire, commandant ou consul.

Monsieur le (1)

J'ai l'honneur de vous adresser, avec le rapport prévu à l'article 24 du décret-loi du 24 mars 1852, le procès-verbal de l'information sommaire à laquelle je me suis livré à l'égard du délit de

dont s'est rendu coupable, à bord de mon bâtiment,

(2) Nom et prénoms.

le nommé (2)

inscrit à                    f°                    n°

Veuillez, je vous prie, Monsieur le (1)                    faire

poursuivre le susdit (2)                    pour

qu'application lui soit faite des peines qu'il a encourues.

Je suis, avec respect, Monsieur le (1)                    votre

très-humble et très-obéissant serviteur.

(3) Capitaine, maître ou patron du navire.

Le (3)

À Monsieur le (1)

Modèle n° 4
de la circulaire
du 5 février 1855,
1er feuillet.

SOUS-ARRONDISSEMENT
d

(1) Espèce et nom du navire.

(2) Port d'armement.

(3) Grade et nom du capitaine, maître ou patron.

# MARINE.

## LIVRE DE PUNITIONS.

QUARTIER
d

LE (1)　　　　　L (1)　　　　　ARMÉ À (2)

COMMANDÉ PAR LE (3)

Le présent livre de punitions, contenant dix feuillets, a été coté, parafé et délivré par nous, commissaire de l'inscription maritime, pour servir à inscrire, sans surcharges, grattages ni intercalations, les jugements prononcés par les tribunaux maritimes commerciaux, les fautes de discipline et les peines qu'elles comportent, infligées par les commissaires de l'inscription maritime, les commandants des bâtiments de l'État, les consuls de France et les capitaines des navires du commerce

A　　　　　　　, le　　　　　18　　.

| NOMS ET PRÉNOMS. | GRADE.<br>—<br>Quartier, folio et numéro d'inscription. | NATURE DES FAUTES OU DES DÉLITS COMMIS.<br>—<br>Peines appliquées, plaintes portées et désignation des articles du décret en vertu desquels les peines sont infligées ou les poursuites dirigées. — Désignation de l'autorité qui a infligé la punition. |
|---|---|---|
| | | |

MODÈLE N° 5
de la circulaire
du 5 février 1855.

SOUS-ARRONDISSEMENT
d

MARINE.

MANDAT D'AMENER
CONTRE

AU NOM DE L'EMPEREUR.

QUARTIER
d

prévenu d

TRIBUNAL MARITIME COMMERCIAL.

Année 18 .

(1) Commissaire de l'inscription maritime, président du tribunal maritime commercial ou rapporteur près ce tribunal.

Nous (1)

MANDONS et ORDONNONS à tous agents de la force publique d'amener par-devant nous, à

le                    à         heure du            en se conformant

à la loi, le nommé

Requérons tout dépositaire de la force publique de prêter main-forte pour l'exécution du présent mandat, s'il en est requis par le porteur.

À                      le                    18     .

L'an

14

L'an mil huit cent                                    le

(1) Commissaire de l'ins-
cription maritime, prési-
dent du tribunal maritime
commercial ou rapporteur
près ce tribunal.
requis par M. le (1)

J'ai,                                    gendarme attaché au service maritime,

demeurant en cette ville, soussigné, signifié et délivré copie du mandat de

l'autre part, dont j'ai exhibé l'original dûment signé.


en parlant à          personne; en conséquence,

je          amené          à comparaître devant M. le (1)

Modèle n° 6
de la circulaire
du 5 février 1855.

QUARTIER

d

—

TRIBUNAUX
MARITIMES
COMMERCIAUX.

MANDAT DE DÉPOT
OU DE MISE EN DÉTENTION
PRÉVENTIVE
contre l      nommé

prévenu    d

# MARINE.

—

AU NOM DE L'EMPEREUR.

————

Nous (1)

du quartier d                                          mandons et ordonnons à tous

agents de la force publique de conduire à la maison de dépôt d

en cette ville, en se conformant à la loi, l      nommé

(1) Commissaire de l'ins-
cription maritime ou président du tribunal maritime
commercial.

Enjoignons au gardien de ladite maison de dépôt d

de l      recevoir et retenir jusqu'à nouvel ordre.

Requérons tout dépositaire de la force publique de prêter main-forte pour

l'exécution du présent mandat, s'il en est requis par le porteur.

Fait au bureau de l'inscription maritime, le

mil huit cent

.                       , L'an

L'an mil huit cent                    le

(1) Commissaire de l'ins-
cription maritime ou président du tribunal maritime
commercial.

requis par M. le (1)

du quartier d                    j'ai ,                    gendarme attaché au

service maritime, demeurant en cette ville, soussigné, signifié et délivré copie

du mandat de l'autre part

en parlant à                    personne  ; en conséquence, je                    conduit et

déposé                    à la maison de dépôt d

pour y rester détenu, et le concierge en a pris charge, dont acte.

QUARTIER

d

# MARINE.

Modèle n° 7
de la circulaire
du 5 février 1855.

(1) Détention ou mise
en liberté.

ORDRE DE (1)

Le concierge de la prison d

(2) Y retiendra jusqu'à
nouvel ordre , ou pen-
dant..., ou mettra en li-
berté, en...

(2)

le sieur

A               le                18   .

*Le Commissaire de l'inscription maritime,*

MODÈLE N° 3
de la circulaire
du 5 février 1855.

PERMIS
DE COMMUNICATION
AVEC UN PRISONNIER.

# MARINE.

## QUARTIER D

Il est permis a

de communiquer avec

La présente permission bonne pour

A                              , le                    18

(1) Commissaire de l'ins-
cription maritime ou rap-
porteur près le tribunal
maritime commercial.

Le (1)

Modèle n° 9
de la circulaire
du 5 février 1855.

DEMANDE
EN AUTORISATION
DE
CONVOCATION
DU TRIBUNAL MARITIME
commercial.

MARINE.

Le                          18

Monsieur le

Le nommé

est accusé

délit prévu par                          du décret-loi
du 24 mars 1852.

J'ai, en conséquence, l'honneur de vous prier de vouloir bien autoriser, conformément aux prescriptions de l'article 14 de cet acte, la réunion du tribunal maritime commercial de ce port.

Je suis avec respect, Monsieur le

votre très-humble et très-obéissant serviteur.

A Monsieur le

DEMANDE
AU PRÉSIDENT
du
TRIBUNAL DE COMMERCE
de désigner un juge
pour siéger
au tribunal maritime
commercial.

# MARINE.

MODÈLE N° 10
de la circulaire
du 5 février 1855.

Le                    18    .

Monsieur le Président,

J'ai l'honneur de vous prier de vouloir bien désigner, conformément aux prescriptions de l'article 14 du décret-loi du 24 mars 1852, un des juges du tribunal de commerce pour faire partie du tribunal maritime commercial de ce port.

Il sera prévenu en temps utile du jour où le tribunal s'assemblera.

Recevez, Monsieur le Président, l'assurance de ma haute considération.

*Le Commissaire de l'inscription maritime, Président*
*du tribunal maritime commercial,*

À Monsieur le Président du tribunal de commerce,

à

MODÈLE Nº 11
de la circulaire
du 5 février 1855.

NOMINATION
du
JUGE RAPPORTEUR.

DÉSIGNATION
DU GREFFIER.

# MARINE.

## TRIBUNAL MARITIME COMMERCIAL.

*Le* 18 .

Monsieur,

J'ai l'honneur de vous prévenir que, conformément aux dispositions des articles 16 et 28 du décret-loi du 24 mars 1852, je vous ai désigné pour remplir les fonctions de rapporteur auprès du tribunal maritime commercial, dans l'affaire d    nommé

accusé    d

Je vous invite à procéder immédiatement à l'information de cette affaire, et à me prévenir aussitôt que votre travail sera terminé, afin que je puisse convoquer le tribunal.

M.                                                  vous assistera
dans l'information en qualité de greffier.

Vous trouverez ci-joint, au nombre de
les pièces du dossier.

Recevez, Monsieur, l'assurance de ma considération distinguée.

*Le*

A Monsieur

15

DÉSIGNATION
DES JUGES.

**MARINE.**

Modèle n° 12
de la circulaire
du 5 février 1855.

Le                    18

Monsieur,

J'ai l'honneur de vous prévenir que, conformément à l'article 14 du décret-loi du 24 mars 1852, je vous ai désigné pour faire partie, comme juge, du tribunal maritime commercial qui doit se réunir incessamment en ce port pour juger le      nommé

accusé     d

Vous recevrez avis du jour de la réunion.

Recevez, Monsieur, l'assurance de ma parfaite considération.

*Le Commissaire de l'inscription maritime, Président
du tribunal maritime commercial,*

À Monsieur

MARINE.

MODÈLE N° 13
de la circulaire
du 5 février 1855.

CÉDULE A TÉMOIN.

QUARTIER

d

TRIBUNAL MARITIME COMMERCIAL.

Année 18 .

Nous,

Président du tribunal maritime commercial du quartier d

mandons au

sieur , gendarme de la marine en ce port, de citer

à comparaître

pour être ouï et déposer la vérité sur tout ce qui peut être à con-

naissance concernant l'inculpation dirigée contre

et de notifier que, faute de

comparaître, y ser contraint par toutes voies juridiques.

Fait

15.

Fait à                    , le                    mil huit cent



Le                              soussigné, certifie s'être transporté

de l'autre part, et y avoir remis la présente

cédule, en parlant a

MODÈLE N° 14
de la circulaire
du 5 février 1855.

SOUS-ARRONDISSEMENT
d

# MARINE.

INTERROGATOIRE
d

—

AFFAIRE
d

QUARTIER
d

—

Année 18 .

## TRIBUNAL MARITIME COMMERCIAL.

L'an mil huit cent                    , le

à                heure        d                au bureau de

l'inscription maritime,

Devant nous, juge rapporteur

assisté de M.                              , greffier du tribunal maritime

commercial,

A comparu, en vertu de notre

le dénommé ci-après, prévenu d

Nous l'avons interrogé comme suit :

*Demande.* — Quels sont vos nom, prénoms, âge, profession, lieu de
naissance, domicile? A quel titre êtes-vous embarqué et quel est le nom du
navire?

*Réponse* : . . . . .

SOUS-ARRONDISSEMENT

d

# MARINE.

MODÈLE N° 15
de la circulaire
du 5 février 1855.

INFORMATION.

—

AFFAIRE

.l nommé

## TRIBUNAL MARITIME COMMERCIAL.

QUARTIER

d

—

Année 18 .

L'an mil huit cent , le

à heure d , au bureau de l'inscription maritime
du quartier d

Devant nous, juge rapporteur désigné par le président du tribunal maritime commercial,

Ont comparu, en vertu des cédules des

les témoins ci-après, en conséquence

d

contre le nommé

Lesquels témoins, après avoir entendu lecture d
après avoir prêté le serment de parler sans haine et sans crainte, de dire la
vérité, toute la vérité, rien que la vérité, en levant la main et en prononçant : « Je le jure; » après avoir affirmé n'être ni ascendants, ni descendants,
ni frères, ni sœurs, ni alliés au même degré, ou conjoints de l'accusé ou de
l'un des accusés du même fait, ont, séparément et hors la présence d
accusé , fait leurs dépositions comme suit, après avoir représenté leurs
cédules.

1er TÉMOIN. —

Modèle n° 16
de la circulaire
du 5 février 1855.

SOUS-ARRONDISSEMENT

d

NOTIFICATION
du
JOUR DU JUGEMENT.

# MARINE.

AU NOM DE L'EMPEREUR.

QUARTIER

d

Année 18 .

## TRIBUNAL MARITIME COMMERCIAL.

L'an mil huit cent                    , le

Requis par le commissaire de l'inscription maritime, président du tribunal

maritime commercial du quartier d

je, soussigné,                              , gendarme attaché au service

de la marine, ai notifié a       nommé

prévenu     d

et détenu                                                      qu'en

vertu des ordres de M. le commissaire de l'inscription maritime, président

du tribunal maritime commercial, il      ser     jugé     par le tribunal

maritime commercial du quartier d

le                      , à        heure     du               ;

qu'en conséquence, il      doi      produire ou faire citer, aux lieu, jour

et heure indiqués ci-dessus, les témoins qu'il      voud

faire

faire entendre à décharge, et convoquer          défenseur    officieux;

faute de quoi, il sera passé outre audit jugement, et je l     ai délivré copie

du présent, parlant à

faisant connaître que les témoins cités à la requête du président du tribunal

maritime commercial sont les sieurs

# MARINE.

Modèle N° 17
de la circulaire
du 5 février 1855.

SOUS-ARRONDISSEMENT

d

QUARTIER

d

CONVOCATION.

Le                    18   .

Monsieur,

J'ai l'honneur de vous prévenir que le tribunal maritime commercial, dont vous faites partie, s'assemblera le          du mois courant, à          heure du                    , au bureau de l'inscription maritime, à l'effet de juger

Recevez, Monsieur, l'assurance de ma considération distinguée.

*Le Président du tribunal maritime commercial ,*

À Monsieur

à

, juge au tribunal maritime commercial

16

Modèle n° 18
de la circulaire
du 5 février 1855.

(A)

# MARINE.

## TRIBUNAL MARITIME COMMERCIAL.

(1) Jour, mois et an.

(2) Désigner l'heure.

(3) Matin ou soir.

(4) Désigner l'article.

(5) Noms, prénoms et qualités des membres du tribunal.

(6) Nom du rapporteur.

(7) Nom, prénoms et qualité du greffier.

(8) Indiquer l'autorité. (Art. 12 et 14.)

(9) Indiquer le lieu où le tribunal s'est assemblé. (Art. 12 et 29.)

(10) Nom, prénoms, grade au service, quartier, folio et numéro d'inscription, qualité du ou des prévenus, ainsi que leur provenance.

NAPOLÉON,

Par la grâce de Dieu et la volonté nationale,

EMPEREUR DES FRANÇAIS,

À tous présents et à venir, SALUT.

Aujourd'hui (1)

à (2)      heure du (3)      le tribunal maritime commercia

créé par le décret-loi disciplinaire et pénal pour la marine marchande, du

24 mars 1852, et composé, conformément à l'article (4)      dudit décret,

de

     MM. (5)                 président;

                         } juges;

     M. (6)             juge désigné par le président, en vertu de

l'article 16, pour remplir les fonctions de rapporteur;

     M. (7)

faisant fonctions de greffier;

     Tous réunissant les conditions d'âge déterminées par l'article 19, et n'étant

ni parents ni alliés entre eux, ni du prévenu, aux degrés prohibés par les ar-

ticles 20 et 21, ni dans les cas de récusation énoncés à l'article 18,

     S'est réuni, avec l'autorisation (8)

à (9)                      à l'effet de

juger le (10)

(A) SOUS-ARRONDISSEMENT
d

Quartier d
ou bâtiment de l'État,
ou colonie d
ou consulat de France à

16.

(1) Nature de la préven-
tion.

prévenu (1)

(2) D'office sur la plainte
d

poursuivi (2)

La séance ayant été ouverte et déclarée publique, le président, après avoir
fait déposer sur le bureau un exemplaire du décret-loi du 24 mars 1852, a dit
à haute voix, les autres membres du tribunal étant, comme lui, debout et découverts : « Nous jurons devant Dieu de remplir nos fonctions au tribunal maritime commercial avec impartialité. » Chaque membre a répondu : « Je le
jure. »

Puis le président a fait donner lecture, par le rapporteur, des pièces de la
procédure, tant à charge qu'à décharge, au nombre de

Cette lecture terminée, le      prévenu      été introduit      devant le

(3) Assisté d'un défen-
seur, ou sans défenseur.
( Art. 31. )

tribunal, où il      comparu libre (3)

Interrogé par le président sur      nom   , prénoms, qualité, âge, lieu
de naissance, filiation, quartier, folio et numéro d'inscription, dernier domicile, nom d   navire à bord      étai      embarqué

(4) Réponses aux diver-
ses questions énoncées. Ces
renseignements pourront
être fournis par le rôle d'é-
quipage, dont un extrait
sera, au besoin, joint aux
pièces de la procédure.

L   prévenu      déclaré (4)

Le président a fait connaître a      accusé   qu'il      comparaissai
devant le tribunal sous l'inculpation d

(5) Indication des arti-
cles qui prévoient le ou les
délits.

délit prévu par (5)

puis il a averti l  accusé  , ainsi que      défenseur   , qu'il      est
permis de dire tout ce qu'il    juger      utile à         défense , sans
s'écarter, toutefois, des bornes de la décence et de la modération ou du respect
dû au principe d'autorité.

Le président a procédé ensuite à l'interrogatoire d     prévenu   , a reçu
les dépositions des témoins, tant à charge qu'à décharge, lesquels témoins
n'étaient dans aucun des cas de récusation ni d'indignité prévus par le Code
d'instruction criminelle et l'article 34 du décret-loi du 24 mars 1852, et ont
préalablement prêté serment ( excepté ceux qui en étaient dispensés à cause
de leur âge) de parler sans crainte ni haine, et de dire toute la vérité et rien
que la vérité.

Après avoir entendu l    prévenu    dans         moyens de défense
présentés (1)

(1) Par lui ou par son défenseur.

Après avoir demandé au   prévenu  s'il  n'avai     rien à ajouter dans
l'intérêt de        défense, et aux autres membres du tribunal s'ils n'avaient
aucune question à adresser, le président a déclaré les débats clos et a résumé
les faits, sans exprimer son opinion personnelle; puis il a ordonné de faire
sortir l    accusé   . Le greffier et l'auditoire se sont aussi retirés, sur l'invi-
tation du président.

Le tribunal délibérant ainsi hors de la présence du public, le président a
posé l     question  suivante  :

Les voix ayant été recueillies dans l'ordre prescrit par l'article 35 , et le
président ayant émis son opinion le dernier, le tribunal , attendu qu'il résulte
tant des débats que (2)

(2) Voir la dépêche du 10 mai 1853. ( Bulletin offi-ciel, page 356, et ci-dessus, page 56.)

(3) La première question, la seconde question, etc. ou sur la question de cul-pabilité, à l'unanimité ou à la majorité de voix contre

CONDAMNATION.

Déclare sur (3)

Statuant ensuite sur l'application de la peine, les voix recueillies de nouveau
dans l'ordre voulu par l'article 35 , le tribunal maritime commercial condamne

(1) Nom, prénoms, grade ou fonctions de l'accusé ou des accusés.

le (1)

(2) Peine prononcée.

a (2)

par application d    article                      du décret-loi du

(3) Relater textuellement l'article ou les articles. S'il y a plusieurs délits, la peine la plus forte sera seule prononcée, et on ajoutera, après la citation de l'article ou des articles du décret-loi du 24 mars 1852 : « Et par application du second paragraphe de l'article 365 du Code d'instruction criminelle. »

24 mars 1852, ainsi conçu (3) :

ACQUITTEMENT.

En conséquence, le tribunal maritime commercial renvoie le (1)

des fins de la plainte, et ordonne qu'il    ser    mis immédiatement en liberté, s'il    n    détenu    pour autre cause.

Fait, clos et jugé sans désemparer, et prononcé par le président en séance publique, les jour, mois et an que dessus, et les membres du tribunal ont signé avec le greffier la minute du présent jugement.

*Les Membres du tribunal,*

*Le Président,*

*Le Greffier,*

Soit exécuté selon sa forme et sa teneur.

*Le Président,*

Le présent jugement a été notifié au Commissaire de l'inscription maritime du quartier

d                          dans la forme déterminée par la circulaire du 4 mars 1853.

( *Bulletin officiel,* page 182. — Modèle n° 19, page 151.)

*Le Président du tribunal maritime commercial,*

# MARINE.

MODÈLE Nº 10
de la circulaire
du 5 février 1855.

## TRIBUNAL MARITIME COMMERCIAL.

*EXTRAIT D'UN JUGEMENT en date du*          18     , *rendu par le tribunal maritime commercial*
          *de*                    *et portant condamnation contre le   nommé*

| NOMS ET PRÉNOMS. | GRADE au service et qualité à bord du bâtiment. | QUARTIER, folio et numéro d'inscription. | PROVENANCE du condamné. | NATURE du délit. | PRONONCÉ du tribunal. | ARTICLES du décret du 24 mars 1852 dont il a été fait application. | DESTINATION donnée au condamné. |
|---|---|---|---|---|---|---|---|
| | | | | | | | |
| | | | | | | | |
| | | | | | | | |

Vu :                              Pour extrait conforme à la minute déposée aux archives
*Le Commissaire de l'inscription maritime,*      du bureau de l'inscription maritime du quartier d
    *Président du tribunal,*
                        *Le*                    *faisant fonctions de Greffier,*

Modèle n° 20
de la circulaire
du 5 février 1855.

**REMISE**
DU CONDAMNÉ
AU PROCUREUR IMPÉRIAL.

# MARINE.

Le                          18      .

Monsieur le Procureur impérial ,

Conformément aux dispositions de l'article 41 du décret-loi du 24 mars 1852, j'ai l'honneur de vous remettre une expédition du jugement rendu le               de ce mois par le tribunal maritime commercial, et qui condamne le nommé                          du navire               à                          prison.

Je vous serai obligé de vouloir bien me faire connaître, pour que mention en soit faite par le greffier, selon le vœu de la loi, si la sentence que prononce ledit jugement a été exécutée.

Recevez, Monsieur le Procureur impérial, l'assurance de ma considération la plus distinguée.

*Le Président du tribunal maritime commercial,*

Monsieur le Procureur impérial près le tribunal d

# TABLE DES MATIÈRES

## DU DÉCRET-LOI DISCIPLINAIRE ET PÉNAL

### POUR LA MARINE MARCHANDE.

———

( Le chiffre indique l'article. La lettre C, placée à la suite, indique
que le commentaire doit être lu.)

———◦◦◦———

17

17.

IMPRIMERIE IMPÉRIALE. — Novembre 1858.

www.ingramcontent.com/pod-product-compliance
Lightning Source LLC
Chambersburg PA
CBHW071911200326
41519CB00016B/4571